CHRISTIANE KÖHNE

Briefe an
ROSE VALLAND

novum ◢ pro

Dieses Buch ist auch als e-book erhältlich.

Bibliografische Information der Deutschen Nationalbibliothek:

Die Deutsche Nationalbibliothek verzeichnet diese Publikation in der Deutschen Nationalbibliografie. Detaillierte bibliografische Daten sind im Internet über http://www.d-nb.de abrufbar.

Gedruckt in der Europäischen Union auf umweltfreundlichem, chlor- und säurefrei gebleichtem Papier.

© 2024 novum Verlag

ISBN 978-3-99146-953-7
Lektorat: Andrea Pichler
Umschlagabbildungen:
Lenapix I Dreamstime.com,
L'Association „La Mémoire de
Rose Valland"
Umschlaggestaltung, Layout & Satz:
novum Verlag
Innenabbildungen: siehe Bildquellen-
nachweis S. 147
Autorenfoto: Christiane Köhne

www.novumverlag.com

Druckprodukt mit finanziellem
Klimabeitrag
ClimatePartner.com/16547-2311-1001

Inhaltsverzeichnis

Vorwort

Eines Tages fiel mir das Buch *Monuments Men* von Robert Edsel und Bret Witter in die Hände. Allein der Untertitel, *Die Jagd nach Hitlers Raubkunst*, veranlasste mich dazu, so schnell wie möglich mit diesem Buch auf meine Couch zu kommen. Im Teil II stieß ich auf eine Frau mit dem Namen Rose Valland. Neugierig verschlang ich ein Kapitel nach dem anderen. Am Ende wurde mir bewusst, dass viele Menschen die Monuments Men und ihre heldenhaften Taten kannten, aber wer kannte die heldenhaften Taten von Rose Valland? Immerhin hat sie ihr Leben für die Kunst aufs Spiel gesetzt! Ich bin der Meinung, dass man diese Frau, die eine Spionin für die Kunst war, ein bisschen mehr ins Rampenlicht rücken sollte. Also, mein Entschluss stand fest! Ich werde ein Buch über diese außergewöhnliche französische Nationalheldin schreiben. Eine historische, trockene Biografie kam für mich nicht in Frage, da ich meine Leser*innen nicht mit einer Flut von Jahreszahlen, trockenen recherchierten Fakten mit Fußnoten und weiteren Anmerkungen langweilen wollte. Ich überlegte eine Weile und eines Tages hatte ich die Idee! Ich werde berühmte Gemälde sprechen lassen und zwar jene, die Rose Valland im Jeu de Paume Museum in Paris gesehen und in ihrem Tagebuch notiert hatte, oder andere Bilder, die sich hilfesuchend an sie wenden. Diese Bilder sind die historischen Zeitzeugen und werden durch die Briefe, die sie an Rose Valland schreiben, zum Leben erweckt. Die Geschichten, die sie uns erzählen, geben uns, auf eine unterhaltsame Art und Weise, einen interessanten Einblick in das damalige Zeitgeschehen. Im jeweils anschließenden Teil des Kapitels befinden sich Fakten, oder andere aufschlussreiche Informationen zu den entsprechenden Bildern, oder den Personen, die damit in Verbindung stehen.

Diese schriftstellerische Form ermöglicht es mir, Ihnen Rose Valland und ihre heldenhaften Taten auf eine ganz besondere Art und Weise näher zu bringen. Die komplette Biografie dieser außergewöhnlich mutigen Frau finden Sie ganz am Ende des Buches. Warum ausgerechnet am Ende? Ganz einfach, damit Sie sich während des Lesens der einzelnen Kapitel ein eigenes Bild von Rose Valland machen können.

Weltgeschichte muss nicht immer langweilig sein, fangen Sie einfach an!

Christiane Köhne

Mona Lisa

Ein Brief von der Mona Lisa

Mona Lisa (La Gioconda)
Leonardo da Vinci, 1503–1506
Öl auf Pappelholz
77 x 53 cm

Liebe Rose,

ich will ehrlich zu dir sein. Ganz heimlich habe ich dich und
Jacques belauscht, als ihr euch im Salle des Etats getroffen

habt. Ich konnte die Erregung in euren Stimmen vernehmen, als ihr über das Deutsche Reich, Adolf Hitler und die Zukunft von Frankreich gesprochen habt. Zwar waren eure Stimmen sehr leise, aber ich konnte euch recht gut verstehen. Niemals werde ich den Anblick vergessen, wie eure beiden Körper vor dem Bild von Paolo Veronese standen und perfekt mit der Kulisse von *Die Hochzeit von Kana* verschmolzen. Liebe Rose, ich muss dir gestehen, dass ich erst ein wenig eifersüchtig auf dich war, da ich Jacques über alles liebe. Doch je länger ich eurem Gespräch zuhörte, desto mehr wurde mir bewusst, wie sehr ihr um mich und mein Wohlergehen besorgt wart. Meine Eifersucht war schnell verflogen, als ich hörte, in welche Gefahr ihr euch für mich und die restliche Kunst von Paris begeben wolltet. Liebe Rose, seitdem ist viel passiert. Ich habe dich lange nicht mehr gesehen und mache mir Sorgen um dich. Daher schreibe ich dir folgende Zeilen, damit du weißt, wie es um mich bestellt ist.

Als Jacques eines Tages zu mir in den Louvre kam, sah er irgendwie anders aus als sonst. Eine tiefe Falte lag auf seiner Stirn und sein starrer Blick, der auf mich gerichtet war, bereitete mir große Sorge. Ich lächelte ihn an, doch er lächelte nicht zurück, was er sonst immer tat! Nachdenklich betrachtete er erst mich, dann die anderen Gemälde im Saal. Ich fragte mich, was bloß heute mit ihm los war? Merkwürdig war an diesem Tage auch, dass keine Besucher in den Salle des Etats strömten, wie es sonst immer der Fall war. Es blieb verdächtig still. Ich lauschte Jacques´ Schritten wie sie durchs Museum hallten, bis sie immer leiser wurden und nicht mehr zu hören waren. Die darauf eintretende Stille machte mir Angst. Es dauerte eine ganze Weile, da vernahm ich auf einmal ein lautes Getöse, welches immer näherkam. Stimmen redeten durcheinander, es krachte und schepperte. Was war das auf einmal für ein Lärm? Dann sah ich sie den Saal betreten. Es waren unzählig viele Menschen, Männer und Frauen. Ein paar von ihnen kannte ich, da sie im Louvre arbeiteten. Ein großer Teil jedoch war mir fremd. Jeder von ihnen trug entweder weiße Holzkisten, Unmengen an Verpackungsmaterial oder Werkzeug mit sich. Sie sahen wild entschlossen aus, was mich noch mehr ängstigte. Ich fragte mich, was diese Menschen mit den Kisten vorhatten, die sie in den Salle des Etats schleppten. Die Antwort ließ nicht lange auf sich warten. Ich sah, wie sie ein Bild nach dem anderen von der Wand nahmen, es behutsam verpackten und in die dafür vorgesehene Holzkiste legten. Ich musste an das heimliche Treffen von dir und Jacques im Museum denken und so langsam dämmerte es mir, was mit mir und den anderen Gemälden passieren würde. Es dauerte gar nicht lange, da stand ein unbekannter Mann vor mir. Er verharrte für einen kleinen Moment, schaute mich liebevoll an und nahm mich vorsichtig von der Wand. Kurz bevor er mich behutsam in eine von diesen Holzkisten legte, konnte ich drei rote Punkte erkennen, doch nirgends stand mein Name geschrieben.

Ich wurde zu einem Lastwagen gebracht und vorsichtig auf der Ladefläche verstaut. Der Wagen setzte sich in Bewegung und ich wurde kräftig hin und her geschaukelt. Während der langen Fahrt machte ich mir Gedanken, wohin meine Reise wohl gehen würde. Dann hielten wir an. Eine Tür wurde geöffnet und ich konnte durch ein Astloch in der Kiste ein großes Schloss erkennen. Bekam ich ein neues Zuhause? Ich war gespannt! Doch was dann passierte, stimmte mich sehr traurig. Man stellte mich, zusammen mit vielen anderen weißen Holzkisten, in einen schmucklosen, eiskalten Raum. Es zog durch jede Ritze des Gemäuers. Zu meinem größten Schrecken musste ich feststellen, dass der Raum nicht nur kalt, sondern auch feucht war! Was würde bloß aus mir werden?

Wie du dir vorstellen kannst, liebe Rose, ging es mir unter solchen Umständen gar nicht gut. Ich fühlte mich schlecht. Ich hatte Angst, dass ich hässlich und unansehnlich werden würde. Ich flehte im Stillen, dass Jacques hoffentlich bald zu mir kommen und mich befreien würde.

Liebe Rose, mein Flehen wurde erhört! Eines Tages kam Jacques zu mir. Er war nicht allein. Zusammen mit ein paar Mitarbeitern hatte er dafür gesorgt, dass der Raum, in dem ich mit den anderen Bildern untergebracht worden war, wärmer wurde. So ging es uns deutlich besser. Jacques befreite mich kurz aus der Holzkiste und begutachtete mich fachmännisch von allen Seiten. Du weißt ja, wie ich es liebe, wenn die Menschen mich intensiv anschauen, erst recht, wenn Jacques es tut, denn dann wird es mir immer ganz warm ums Herz. Ich lächelte ihn an. Jacques lächelte zurück, aber nur ein wenig. Anschließend ging es für mich zurück in meine Kiste.

Ich weiß schon gar nicht mehr, wie viele Tage vergangen waren, da hörte ich von draußen her einen Höllenlärm! Es knallte und rumorte. Das Fundament des Schlosses bebte, dass ich es sogar bis in meine Kiste spüren konnte. Ich hörte Menschen, die aufgeregt in den Raum kamen. Sie sprachen wild durcheinander. Dann wurde ich hochgehoben, aus dem Schloss getragen und in ein Fahrzeug verfrachtet. Die wilde Fahrt begann aufs Neue.

Ich hatte nur noch einen Gedanken, ich wollte nach Hause!

Man brachte mich zu einem anderen Schloss. Der Raum, in dem ich jetzt untergebracht worden war, hatte viele Bilder an den Wänden. Edle Teppiche lagen auf dem Boden. Ich war froh über mein kleines Astloch in der Kiste, welches es mir ermöglichte, ein wenig die Umgebung wahrzunehmen. Eines Morgens hörte ich gedämpfte Stimmen im Raum. Ich hatte ein wenig Angst. Gespannt wartete ich darauf, was passieren würde. Durch mein Astloch konnte ich zwei Paar Schuhe erkennen, die sich zögerlich meiner Unterkunft näherten. Ganz vorsichtig machte sich jemand an meiner Kiste zu schaffen. Erst dachte ich, es wäre vielleicht Jaques. Du kannst dir gar nicht vorstellen, wie verwirrt ich war, als der Deckel sich öffnete und ich in das Gesicht eines kleinen Mädchens blickte. Den erstaunten Gesichtsausdruck von ihm, als es mich sah, werde ich nie vergessen. Sie beugte sich zu mir in die Kiste hinab und streichelte ganz zärtlich über meine linke Wange. Eine Frau, die neben ihm stand, wahrscheinlich seine Mutter, flüsterte ihm leise etwas ins Ohr. Was, das konnte ich leider nicht verstehen, aber das kleine Mädchen bekam große Augen und sah mich liebevoll an. Beide lächelten mich an, ich lächelte zurück. Danach wurde meine Kiste wieder behutsam verschlossen. Liebe Rose, von diesem Zeitpunkt an habe ich mir gewünscht, dass das kleine Mädchen und seine Mutter häufiger bei mir vorbeischauen würden, da ich mich so einsam in meinem Versteck fühlte. Jedoch, nichts passierte.

Eines Tages hörte ich laute Schreie. Alle schrien wild durcheinander! Ich vernahm Flugzeugmotoren, aber keine Detonationen. Ich erwartete, dass geschossen wurde, jedoch nichts passierte. Dann merkte ich, dass die Schreie Jubelschreie waren. Ich hörte lautes Gelächter und jemand stimmte die Marseillaise an. Meine Gedanken wirbelten wild durcheinander. Könnte es sein, dass der Krieg vorbei war? Ich wagte es kaum, zu glauben. Plötzlich hörte ich Stimmen, die sich näherten. Ich hielt die Luft an. Meine Kiste wurde geöffnet und ... Jacques war da! Er war es wirklich! Du kannst dir gar nicht vorstellen, liebe Rose, wie ich mich gefreut habe, ihn wiederzusehen! Ich lächelte ihn an, und er lächelte zurück. Von diesem Zeitpunkt an wusste ich, dass alles gut werden würde. Wieder wurde ich in einem Fahrzeug verstaut, doch dieses Mal machte mir das gar nichts aus, da ich wusste, dass wir in die richtige Richtung fahren würden, nämlich nach Paris. Sie fuhren mich wirklich zurück nach Hause. Im Louvre angekommen, wurde ich von Jacques aus meiner weißen Kiste mit den drei roten Punkten gehoben. Er ließ es sich nicht nehmen, mich persönlich an die Wand zu hängen, von der man mich vor langer Zeit entfernt hatte. Meine Freude, die ich in diesem Moment verspürte, war unbeschreiblich groß.

Liebe Rose, Jacques und du habt euer Leben für die Kunst aufs Spiel gesetzt. Ich kann dir gar nicht schreiben, wie dankbar ich dir und natürlich auch Jacques dafür bin. Bitte schreibe mir, was du in diesen wirren Zeiten alles erlebt hast. In der Hoffnung, dass es dir gut geht, und wir uns vielleicht bald wiedersehen werden, und zwar im schönsten Museum der Welt.

Deine Mona Lisa

Jacques Jaujard (1895–1967)

Retter der französischen Kunst

Jacques Jaujard wurde 1926 Generalsekretär der Musée Nationaux in Paris. 1933 ernannte man ihn zum stellvertretenden Direktor und 1939 zum Direktor der Nationalen Museen. Für Jaujard war die Erhaltung des kulturellen Erbes eine Herzensangelegenheit. Bereits während des Spanischen Bürgerkriegs überwachte er die Evakuierung der Kunstsammlungen des Museo del Prado von Madrid in die Schweiz, um sie vor Plünderern zu schützen.

Mit großer Besorgnis beobachtete Jacques Jaujard die Entwicklung im Deutschen Reich. Hitler marschierte unaufhaltsam voran, und es war nur noch eine Frage der Zeit, wann er in Frankreich einfallen würde. In ihm wuchs der Gedanke, die Kunst vor den Nationalsozialisten in Sicherheit zu bringen. Der Plan war es, die wichtigsten Kulturgüter in die Schlösser der nahen Umgebung von Paris zu evakuieren.

Am 25. August 1939 ließ er den Louvre für drei Tage schließen. Offiziell hieß es, für „Reparaturarbeiten". In diesen drei Tagen und Nächten packten hunderte von Mitarbeitern, Kunststudenten und andere Freiwillige die Kunst des Louvre in dafür vorgesehene weiße Holzkisten. Große Bilder, wie z. B. „Die Hochzeit zu Kana" von Paolo Veronese, mit einer stattlichen Größe von 9,90 m x 6,66 m, wurden aus ihrem Rahmen genommen und um einen Zylinder gerollt, um sie zu transportieren. Das „Floß der Medusa" von Théodore Géricault, 4,91 m x 7,16 m, musste auf einem offenen Lastwagen, nur mit einer riesigen Decke verhüllt, transportiert werden. Die Meisterwerke aus dem Louvre wurden in der Reihenfolge ihrer Wichtigkeit kategorisiert. Ein gelber Punkt bedeutete sehr wertvolle Kunst, ein grüner – Hauptwerk, der rote Punkt stand für Weltschatz. Die Kiste mit der Mona Lisa war mit drei roten Punkten versehen. Alles, was vier Räder besaß, wurde zum Transport der Kunstschätze herangezogen. Private Autos, Krankenwagen, Lastwagen, Lieferwagen und Taxen. 203 Fahrzeuge, die 1 862 Holzkisten transportierten, fuhren im Konvoi ihre erste Station an, das Château Chambord. Von dort aus wurden die Kunstwerke auf zahlreiche weitere Schlösser in Frankreich verteilt. Jacques Jaujard überwachte die komplette Evakuierung der Kunstschätze und setzte alle notwendigen Mittel ein, um die Zukunft des französischen Kulturerbes zu sichern. Als die Evakuierung abgeschlossen war, hieß es abwarten.

Nach dem Zusammenbruch Frankreichs wartete Jaujard gespannt, wann die Deutschen im Louvre erscheinen würden. Am 16. August 1940 traf Graf Franz Wolff-Metternich ein. Hitler hatte ihn zum Kunstschutz im westlichen Operationsgebiet beauftragt. Somit lagen die Sammlungen Frankreichs in seinem Zuständigkeitsbereich. Jacques Jaujard notierte in seinem Tagebuch, dass Wolff-Metternich fast erleichtert schien, den Louvre leer vorgefunden zu haben. Wie viele deutsche Aristokraten, war auch er kein Mitglied der NSDAP. Wolff-Metternich und Jaujard einigten sich darauf, dass die Kunstwerke in den Schlössern gut geschützt waren und es erst einmal keine weiteren Änderungen geben würde. So hielt der Kunstschutzbeauftragte von Adolf Hitler seine schützende Hand über Jaujard, da auch er nicht wollte, dass die Kunst Frankreichs von den Nazis geplündert wurde.

Während des Krieges musste Jaujard an zwei Fronten kämpfen. Gegen die Nazis, aber auch gegen die Vichy Regierung, dessen Kollaborationsführer nur allzu bereit war, Frankreichs Schätze den deutschen Besatzern auszuliefern.

Durch die neuen Grenzen mussten die Kunstgegenstände weiter Richtung Süden transportiert werden. Der Weg der Mona Lisa war nach meinen persönlichen Recherchen, wie folgt:

1. Château Chambord
2. Château Louvigny

3. Kloster Loc-Dieu
4. Musée Ingres
5. Château de Montal

Ich möchte an dieser Stelle kurz einhaken. 2019 habe ich, zusammen mit meinem Mann, die Spur der Mona Lisa aufgenommen. Wir haben während unseres Urlaubsaufenthalts in Frankreich alle oben aufgeführten Schlösser, sowie das Kloster Loc-Dieu, besucht. Das Musée Ingres war leider wegen Renovierungsarbeiten geschlossen. Nach einer ausführlichen Führung durch das Château de Montal wunderte ich mich, dass das Thema der Mona Lisa überhaupt nicht angesprochen wurde. Daher wartete ich, bis die meisten Besucher sich verabschiedet hatten und fragte unsere Schlossführerin, ob sie mir bitte sagen könnte, wo die Mona Lisa ihr Versteck auf Château de Montal hatte. Erst starrte mich die Madame etwas fragend an, ich hatte schon Bedenken, dass sie mein Französisch nicht verstand, aber dann lächelte sie und gab uns ein Zeichen mitzukommen. Sie führte uns in einen großen Saal und erklärte uns, dass dieser der Aufenthaltsort der Mona Lisa gewesen sei. Noch heute wundert es mich, dass ich erst danach fragen musste, denn so einen wichtigen Gast hätte man während der Schlossführung ruhig erwähnen können, oder? Anschließend wurden wir von der freundlichen Madame noch in einen kleinen Raum geführt. Dort lief eine Dokumentation über die Evakuierung des Louvre, und siehe da, es wurde uns erzählt, dass auch die Mona Lisa auf Château de Montal untergebracht worden war. Warum nicht gleich so? Auf meiner Schlössertour wurde mir bewusst, dass Jacques Jaujard sich vortreffliche Orte für die Aufbewahrung der Kunstwerke ausgesucht hatte. Die dicken Mauern aus Stein waren ein sehr guter Schutz. Das größte Problem aber war die Feuchtigkeit in den alten Gemäuern. Jaujard schaffte es, elektrische Heizungen zu installieren. Ein weiterer wichtiger Aspekt war für ihn, dass im Falle eines Feuers schnell gelöscht werden konnte. Er achtete darauf, dass ein Löschteich oder ein See in der Nähe war. Wenn nicht, wies er die Mitarbeiter darauf hin, dass immer genügend

Wasser in Eimern oder anderen Behältern zur Verfügung stehen musste. Jaujard überließ nichts dem Zufall.

Es war auch kein Zufall, dass Jacques Jaujard die Hilfe von Rose Valland, der Kuratorin des Jeu de Paume Museums, in Anspruch nahm. Er beauftragte sie mit der Überwachung der Aktivitäten der Nationalsozialisten in ihrem Museum. Das kleine Museum am Ende des Tuilerien Garten, diente als Kunstlager für den Einsatzstab des Reichsleiters Rosenberg, kurz ERR. Dieser Einsatzstab wurde von Hitler beauftragt, Kunstwerke für sein Führermuseum in Linz zusammenzutragen. Rose Valland fungierte als Schnittstelle zwischen den Mitarbeitern im Museum Jeu de Paume, dem ERR und Jacques Jaujard. Vier Jahre lang sammelte sie heimlich Informationen, die es ihr ermöglichten, die Bestimmungsorte von Tausenden von Gemälden zu verfolgen, die die Nationalsozialisten in ihrem Museum registrierten, um sie anschließend mit dem Zug nach Deutschland zu transportieren. Rose Valland arbeitete unauffällig. Freundlich unterhielt sie sich mit den Verpackern der Kunstgegenstände. Dabei erfuhr sie so ganz nebenbei, wo der Bestimmungsort der einen oder anderen Kiste in Deutschland war. Abends, wenn sich niemand mehr im Museum aufhielt, sammelte sie Zettel und Matrizen aus den Papierkörben, notierte sich die entsprechende Information in ihrem Tagebuch und legte alles wieder zurück an seinen alten Platz. Sie belauschte unauffällig die Gespräche der Nationalsozialisten in ihrem Museum und machte sich über deren Inhalte Notizen. Niemand hätte gedacht, dass Rose die deutsche Sprache verstand, daher redeten die Deutschen völlig unbefangen, auch wenn Rose in ihrer Nähe war. Regelmäßig traf sich Rose Valland mit Jacques Jaujard und berichtete ihm von ihren neuen Erkenntnissen. Diese wurden wiederum an die Résistance, der französischen Widerstandsbewegung, weitergegeben.

Anfang 1944 nahm die Résistance, die sich auf den D-Day vorbereitete, dem Tag, an dem die Landung der Alliierten in der Normandie stattfinden sollte, Kontakt mit Jaujard auf. Sie sandte ihm einen Verbindungsoffizier mit dem Namen Mozart. Jaujard war überrascht, dass Mozart eine platinblonde, französische Schauspielerin war, die als Agentin für den Widerstand arbeitete. Ihr richtiger Name war Jeanne Boitel. Die beiden wurden ein Paar. Nach der Befreiung Frankreichs kehrten die öffentlichen Sammlungen zurück nach Paris. Kein einziges Kunstwerk war beschädigt worden. Auch die Mona Lisa kam unbeschadet wieder an ihren alten Platz im Louvre.

Am 24.November 1944 half Jacques Jaujard bei der Gründung der Récupération Artistique, der französischen Kommission zur Wiedererlangung von Kunstwerken, um die ordnungsgemäße Rückgabe französischer Kunstwerke sicherzustellen. Hierbei spielte Rose Valland mit ihren Eintragungen in ihrem Tagebuch eine Schlüsselrolle. Ebenfalls im Jahre 1944 wurde Jaujard zum Direktor des französischen Ordens der Künste und Literatur und später zum Generalsekretär für kulturelle Angelegenheiten im Staatsministerium ernannt. Er erhielt die Medaille des Widerstands und wurde für seine außergewöhnlichen Leistungen zum Kommandeur der Ehrenlegion ernannt. Im Dezember 1955 wurde er in die Académie des Beaux-Arts gewählt.

Jacques Jaujard starb 1967 unerwartet mit 71 Jahren an einem Herzinfarkt.

Dame mit dem Hermelin

Ein Brief von der Dame mit dem Hermelin

Dame mit dem Hermelin
Leonardo da Vinci 1489–1490
Öl und Tempera auf Holz
54,7 x 40,3 cm

Liebe Rose,

leider sind wir uns nie begegnet, aber ich möchte dir trotzdem
diese Zeilen schreiben, da ich nur Gutes über dich gehört habe.

Ich bin mir sicher, dass dieser Brief bei dir in den richtigen Händen ist. Und wer weiß, vielleicht ergibt es sich eines Tages, wenn dieser fürchterliche Krieg vorbei ist, die Gelegenheit, dass du den Menschen meine Geschichte erzählen wirst.

Bis zum Jahre 1939 hatte ich ein schönes zu Hause im Czartoryski Museum in Krakau. Doch unmittelbar nach der Eroberung Polens durch die deutsche Wehrmacht wurde ich von den deutschen Behörden aus dem Czartoryski Museum in Krakau beschlagnahmt und ins Bode-Museum nach Berlin gebracht. Dort fristete ich ein bemitleidenswertes Dasein. Niemand interessierte sich wirklich für mich, denn die Menschen waren mit dem Krieg und seinen Folgen beschäftigt. Eines Tages hörte ich, wie sich zwei Beamte über mich unterhielten. Ich entnahm dem Gespräch, dass ich zurück nach Polen gebracht werden sollte. Der deutsche Generalgouverneur Hans Frank wollte mich in seiner Residenz, im Wawel Schloss, sehen. Du musst wissen, liebe Rose, dass das Wawel Schloss ein wunderschöner Ort ist. Es liegt auf einem Berg über der Innenstadt von Krakau. Hier haben Fürsten und Könige residiert. Daher war meine Enttäuschung, nicht ins Museum Czartoryski zurück gebracht zu werden, nicht allzu groß. Aufgeregt fieberte ich meiner zukünftigen Fahrt entgegen. Diese war, wie soll ich es dir beschreiben, recht unbequem. An meinem Zielort angekommen, konnte ich es kaum erwarten, aus meiner Transportkiste genommen zu werden. Als diese geöffnet wurde, sah ich einen großen, stattlichen Mann, der sehr gut gekleidet war. Ich glaube man sagt, er sah aus wie aus dem Ei gepellt. Seine Haare waren mit Pomade in Form gebracht. Als er mich in seinen Händen hielt und betrachtete, war mir gar nicht wohl zumute. Der Blick des Mannes war eiskalt, und ein böses Lächeln umspielte seine Mundwinkel. Das war also Hans Frank, der neue Herrscher des Wawel Schlosses. Er brachte mich in sein privates Arbeitszimmer und hing mich dort an die Wand. Von diesem Standort aus hatte ich einen Überblick über den ganzen Raum. Viele Bedienstete kümmerten sich um das Wohlergehen der Familie Frank. Wenn im Arbeitszimmer sauber gemacht wurde, hörte ich gespannt ihren Unterhaltungen zu. So konnte ich Folgendes über den jüngsten Sohn, Niklas Frank, erfahren: „Niklas ist ein fürchterlicher, kleiner, verzogener Junge. Wenn du mich fragst, ist er durch und durch böse! Erst gestern ist er mir wieder mit seinem kleinen Tretauto absichtlich in die Hacken gefahren. Wie gerne würde ich das Bürschchen übers Knie legen und mal so richtig den Hintern versohlen, damit es endlich damit aufhört!" „Psst, sag das bloß nicht so laut, sonst kommen wir noch ins Gas! Er ist halt der Sohn des Generalgouverneurs. Am besten ist, man geht ihm aus dem Weg."

Liebe Rose, ich habe zu diesem Zeitpunkt noch nicht verstanden, was sie mit „sonst kommen wir noch ins Gas" meinte. Im Laufe der Zeit wurden viele Sitzungen im Arbeitszimmer von Hans Frank abgehalten, und so langsam dämmerte es mir, wo ich hier gelandet war. Ich weiß jetzt, warum die Bediensteten ihn hinter vorgehaltener Hand den „Judenschlächter von Polen" nannten. Während einer Kabinettsitzung musste ich mit anhören, wie Hans Frank Folgendes sagte: „Mit den Juden – das will ich ganz offen sagen – muss so oder so Schluss gemacht werden. Ich werde daher den Juden gegenüber grundsätzlich nur von der Erwartung ausgehen, dass sie verschwinden. Wir müssen die Juden vernichten, wo immer wir sie treffen und wo es irgend möglich ist, um das Gesamtgefüge des Reiches aufrechtzuhalten. Diese 3,5 Millionen Juden können wir nicht erschießen, wir können sie nicht vergiften, werden aber doch Eingriffe vornehmen können, die irgendwie zu einem Vernichtungserfolg führen – und zwar im Zusammenhang mit den vom Reich her zu besprechenden Maßnahmen."

Liebe Rose, als ich das gehört habe, war ich total schockiert! Bei was für einer Bestie war ich bloß gelandet? So langsam verstand ich, warum er der Judenschlächter genannt wurde. Brigitte, die Frau des Generalgouverneurs, ist eine fürchterliche Person! Einmal ist sie kreischend in das Arbeitszimmer ihres Ehemannes gekommen und rief: „Kinder, niemand macht hübschere Korseletts wie die Juden im Getto!" Die Bediensteten tuscheln, dass sie süchtig nach Pelzen sei. Häufig ließ sie sich in ihrem offenen Mercedes mit SS-Bewachung, durch die Gegend kutschieren, immer auf der Suche nach ausgefallenen Pelzen. Ihren Sohn Niklas nahm sie häufig auf diese Beutezüge mit. Was sieht und lernt das Kind bei diesen Ausflügen? Kein Wunder, dass Niklas ein verzogener, kleiner Rotzlöffel ist!

Liebe Rose, die Tage werden immer schlimmer. Der Generalgouverneur stopft sich mit Schokolade und Alkohol voll. Der Rauch von seinen Zigarren und jenen seiner Offiziere, die jetzt fast täglich vorbeischauen, nimmt mir fast den Atem. Irgendetwas ist passiert. Frank wird zunehmend gereizter. Er schreit seine Untertanen an und lässt alle strammstehen. In seinen Kabinettsitzungen prahlt er, meist alkoholisiert, was für ein toller Generalgouverneur er ist: „Im Westen liegt Frankreich, im Osten wird Frank reich." Sag mir liebe Rose, wer will denn so etwas hören? Etwas, das mich persönlich am meisten betroffen gemacht hat, war die Unterredung zweier Bediensteter, als sie das Arbeitszimmer vom Trinkgelage des Vortages aufräumten: „Ich weiß, dass Niklas das schöne Bild von Leonardo da Vinci nicht mag." „Meinst du etwa das Bildnis der Cecilia Gallerani, die „Dame mit dem Hermelin?" „Natürlich, welches denn sonst!" „Wie kommst du darauf?" „Immer wenn Niklas in das Arbeitszimmer seines Vaters zitiert wird, schaut er angewidert in die Richtung des Bildes. Ich habe gehört, wie Hilde, die Kinderschwester, erzählt hat, dass die Frau mit dem Verband auf dem Kopf garantiert vom Räuber Toni einen Schlag aufs Hirn bekommen hat und Niklas nicht verstehen kann, wie man eine Ratte auf dem Arm tragen und kraulen kann. Er erzählte Hilde, dass er von dem Anblick des Bildes total angewidert sei."

Liebe Rose, Leonardo da Vinci hat mich geschaffen, ein Meister seines Faches! Die Menschen sind in das Czatoryski Museum geströmt, um mich zu sehen. Ich hörte, wie die Besucher sich über meine wunderschönen, mandelförmigen Madonnenaugen unterhielten. Sie bewunderten meinen edel geformten Hals, meine langen, schlanken Finger, mit denen ich liebevoll das Hermelin berührte. Mein ruhiger Blick verzückte jeden Besucher. Ich wurde im Laufe meines Lebens von vielen Menschen geschätzt und verehrt, und diese kleine Ausgeburt der Hölle wagt es, so etwas über mich zu sagen! Du kannst dir garantiert vorstellen, wie gekränkt und verletzt ich mich an diesem Tag gefühlt habe.

Die Familie Frank wurde immer unausstehlicher! Der Generalgouverneur hatte Angst um seinen Posten. Man munkelte, dass Deutschland den Krieg in Russland verlieren würde. Es fanden immer wieder hektische Treffen und Gespräche im Arbeitszimmer vom Generalgouverneur statt. Diese endeten meist mit viel Alkohol und lauten unerträglichen Gesprächen. Seit Tagen wurde im Innenhof vom Wawel Schloss etwas verbrannt. Der beißende Geruch drang durch das geöffnete Fenster, bis zu mir in das Arbeitszimmer herauf. Die Bediensteten sprachen nur noch im Flüsterton miteinander. Sie unterhielten sich darüber, dass Brigitte mit ihren fünf Kindern nach Deutschland geflüchtet war und dass Frank die Fahne zusammengerollt hatte, was auch immer das bedeuten mag. Reges Treiben herrschte um mich herum. Regale wurden geleert, Bücher eingepackt und ich wurde persönlich vom Generalgouverneur Hans Frank von der Wand genommen, grob in ein Leinentuch gewickelt und zu einem LKW gebracht. Auf der Ladefläche stapelten sich Bücher, Gobelins und Bilder.

Der Wagen setzte sich in Bewegung, wir fuhren mehrere Stunden. Der Fahrer nahm keine Rücksicht auf uns. Wir wurden auf der Ladefläche hin und her geschaukelt. Nach einer langen Fahrt, ich kann dir gar nicht sagen, wie lange sie gedauert hatte, blieben wir stehen. Türen schlugen, und es wurde still. Still und schrecklich kalt. Mitten in der Nacht wurde ich von lautem Gegröle geweckt. Besoffene Männer machten sich an dem LKW zu schaffen.

Rose, du kannst mir glauben, ich habe Todesängste ausgestanden! Ich wurde grob angepackt und auf ein anderes Fahrzeug verladen. Danach wieder diese unheimliche Stille.

Früh am nächsten Morgen ging die Fahrt weiter. Ab und zu konnte ich einen Blick auf die Landschaft erhaschen. Ich sah wunderschöne Berge. Wir waren garantiert nicht mehr in Polen!

Ich musste wohl für eine längere Zeit eingeschlafen sein, denn als ich erwachte, sah ich, dass ich mich in einem kleinen Raum aus Holz befand. Neben mir hingen der Raffael und zwei Rembrandts. Von diesem Moment an hatte ich die Befürchtung, nie mehr nach Polen zurückzukehren. Häufig kam der Generalgouverneur allein zu uns und führte Selbstgespräche über das Ende des Krieges. Ich konnte seine Angst, dass ihm etwas zustoßen würde, förmlich spüren. Ab und an besuchte uns eine Frau, aber es war nicht Brigitte Frank. Auch die Kinder habe ich nicht mehr gesehen. Eines Abends, ich war gerade in Erinnerungen versunken, kam der Generalgouverneur zu uns in den kleinen Holzraum, den er liebevoll den „Andachtsraum" nannte. Er redete viel über Gott und seine Sünden. Ganz ehrlich, ich habe ihn nicht verstanden.

Langsam wurde es wärmer und ich spürte, dass der Frühling nahte. Da hörte ich eines Tages, wie Fahrzeuge vorfuhren und laute Männerstimmen etwas riefen, was ich nicht verstand. Ich hielt den Atem an. Was war passiert? Es dauerte eine ganze Weile, da wurde plötzlich die Tür aufgerissen und ich erblickte Männer in Uniformen. Sie hatten Gewehre bei sich und sahen wild entschlossen aus. Einer trat an mich heran und fing an, zu lächeln. Da wusste ich, dass ich bald wieder in mein geliebtes Czartoryski Museum in Krakau zurückkehren würde.

Liebe Rose, ich hoffe es geht dir gut, und du hast diesen fürchterlichen Krieg unbeschadet überlebt. Ich habe viel Glück gehabt, viele andere jedoch mussten ihr Leben lassen.

Deine Cecilia Gallerani

Rückkehr von der Dame mit dem Hermelin nach Polen

Hans Frank, privates Arbeitszimmer Wawel,
Burg Krakau

Niklas Frank (09. 03. 1939)

Niklas Frank wurde am 09. 03. 1939 geboren. Sein Vater war
der Nationalsozialist Hans Frank, bekannt unter dem Namen
der „Schlächter von Polen". Von seinem Regierungssitz aus,
dem Wawel Schloss in Krakau, herrschte Hans Frank mit seinem Schreckensregime über das besetzte Polen. Unerbittlich
trieb er den Völkermord an den Juden voran. 1939, unmittelbar
nach der Eroberung Polens durch die Nationalsozialisten, wurde das Bild, „Dame mit dem Hermelin" von Leonardo da Vinci,

von den deutschen Behörden beschlagnahmt und in das Bode-Museum nach Berlin gebracht. Der Generalgouverneur Hans Frank, der ein großer Kunstliebhaber war, veranlasste 1940, dass das Bild zurück nach Polen gebracht wurde, und zwar zu ihm in sein Schloss. Hemmungslos raffte Frank, der ein großer Kunst- und Opernliebhaber war, Kunstgegenstände, Geld und andere Besitztümer an sich. Auf dem Schloss herrschte Frank wie ein König. Seine Frau Brigitte, vom Ansehen und Reichtum ihres Mannes blind geworden für das, was um sie herum geschah, tat es ihm gleich. Mit dem Titel „Die Königin von Polen" konnte sich Brigitte Frank sehr gut anfreunden. Niklas Frank war das jüngste von fünf Kindern und wuchs wie ein kleiner Prinz auf dem Wawel Schloss auf. Er hatte enorme Freiheiten und bekam jede Menge Geschenke von den vielen Besuchern seiner Eltern. Seine Kinderschwester Hilde sorgte dafür, dass ihm die häufige Abwesenheit seiner Mutter nicht allzu schwerfiel. Durch das abnorme Verhalten seines Vaters, der Raffgier seiner Mutter, sie nahm Niklas häufig auf ihre „Einkaufsfahrten" mit in das Getto, entwickelte sich der Junge zu einem unausstehlichen Kleinkind. Wenn die „Königin von Polen" mal wieder auf der Suche nach feinen Pelzen und Korseletts war, saß Niklas im Mercedes, natürlich bewacht von SS-Soldaten, und beobachtete das Geschehen um ihn herum. Einmal streckte er bei einer Einkaufstour einem, wie er später sagte, „traurigen Menschen", die Zunge raus. Als dieser nicht reagierte, habe er laut aufgelacht. Niklas Frank konnte nicht wissen, dass die Juden es garantiert nicht gewagt hätten, dem Sohn des Generalgouverneurs Paroli zu bieten.

Die Gänge des Wawel Schlosses waren sehr lang. Niklas wartete häufig, versteckt mit seinem kleinen Tretauto, hinter irgendwelchen Ecken und horchte, ob ein Bediensteter sich ihm näherte. Wenn dieser nah genug war, nahm er Schwung und fuhr der Person in die Beine. Natürlich hatte es niemand gewagt, den Sohn des Generalgouverneurs dafür zu bestrafen. Niklas besaß Narrenfreiheit.

Im Januar 1945, die Russen standen kurz vor Krakau, flüchtete Brigitte Frank mit ihren fünf Kindern nach Bayern zum Schoberhof, einem umgebauten Bauernhof, an den Schliersee. Wochen vorher hatte Hans Frank alle Beweise seiner Gräueltaten verbrannt. Kunstgegenstände, die ihm lieb waren, hatte er zusammengerafft, damit diese nicht dem „Feind" in die Hände fielen. Am 17. Januar 1945 floh Hans Frank, zusammen mit seinen Kunstschätzen, von Krakau nach Oberschlesien, nach Seichau, zum Grafen von Richthofen. Von dort aus ging die Reise weiter nach Neuhaus am Schliersee. Dort errichtete Hans Frank im „Haus Bergfrieden" die „Außenstelle des Generalgouvernements Polen". Hierher verschleppte er auch „Die Dame mit dem Hermelin". Das Ehepaar Frank lebte getrennt. Ab und zu besuchte der Vater seine Familie im Schoberhof. Die meiste Zeit hielt er sich aber im „Haus Bergfrieden" auf. Am 4. Mai 1945 ließ sich Hans Frank widerstandslos von US-Soldaten festnehmen. Die „Dame mit dem Hermelin" wurde von den amerikanischen Truppen im Landhaus gefunden und zurück nach Krakau gebracht. Nach der Verhaftung des Vaters und der Enteignung des Privateigentums durch die Alliierten, zog Brigitte Frank mit ihren fünf Kindern in eine kleine Wohnung. Sie lebten in ärmlichen Verhältnissen. Die Kinder mussten in der Nachbarschaft betteln gehen. Am 1. Oktober 1946 wurde Hans Frank durch das Nürnberger Tribunal zum Tode verurteilt. In der Nacht zum 16. Oktober 1946 wurde er durch den Strang hingerichtet. Niklas war zu diesem Zeitpunkt sieben Jahre alt.

Niklas Frank befasst sich Zeit seines Lebens mit der dunklen Vergangenheit seiner Familie. Er hat viele Bücher darüber geschrieben. Eines davon fiel mir in die Hände. „Der Vater – Eine Abrechnung". Erstaunt über den Schreibstil von Niklas Frank, hatte ich das Bedürfnis, mehr über diesen Mann zu erfahren. So habe ich ihn einfach angerufen.

5 Frank children, Niklas youngest

Telefonisches Interview
mit dem Journalisten Niklas Frank

Sonntag, den 11. 12. 2022, um 15. 05 Uhr

Christiane Köhne: „Herr Frank, können Sie mir sagen, in welchem Raum, die *Dame mit dem Hermelin* auf dem Wawel Schloss gehangen hat?"

Niklas Frank: „Die *Dame mit dem Hermelin* hing im privaten Arbeitszimmer meines Vaters. Das weiß ich aus den Erzählungen von meinem Bruder Norman, der war ja 1928 geboren. Ich selber war zu diesem Zeitpunkt erst 4 Jahre alt und habe nur wenige Erinnerungen an diese Zeit. Ich kann Ihnen erzählen, dass mein Vater ein großer Kunstliebhaber war, meine Mutter nicht. Er besaß nicht nur einen Leonardo da Vinci, sondern noch zwei Bilder von Rembrandt und ein Bild von Raffael. Der Raffael war nachher verschwunden. Vielleicht hat ihn meine Mutter an sich genommen und später verkauft, um Essen für uns zu besorgen. So genau weiß ich das aber nicht mehr. Das ist nur eine Vermutung. Außerdem hatte mein Vater eine große Gobelin-Sammlung. Die *Dame mit dem Hermelin* hat er sehr geliebt. Daher hing ein Thermometer in seinem privaten Arbeitszimmer. Mein Vater hat um sie gekämpft, da auch Göring das Bild haben wollte. Das muss man sich mal vorstellen. Die Herrschaften da oben hatten nichts anderes zu tun, als sich mit geklauten Bildern zu beschäftigen."

Christiane Köhne: „Herr Frank, was könnte die *Dame mit dem Hermelin* im Arbeitszimmer ihres Vaters gesehen und gehört haben?"

Niklas Frank: „Da das Bild im privaten Arbeitszimmer meines Vaters hing, hatten nicht viele Menschen Zutritt zu diesem Raum. Natürlich erst einmal unsere Familie. Mein Vater hatte eine Liebesaffäre mit seiner Kinderliebe Lilly Grau. Ich kann mir sehr gut vorstellen, dass die *Dame mit dem Hermelin* gesehen hat, wie die beiden sich geküsst und noch andere Dinge in diesem Arbeitszimmer getan haben. Mein Vater hat es mit vielen Frauen getrieben. Lilly Grau hat später in der Burgverwaltung gearbeitet."

Christiane Köhne: „Wer war der Räuber Toni, eine Figur aus einem Kinderbuch?"

Niklas Frank lacht. Ich frage mich an dieser Stelle ob er überhaupt weiß, worauf ich hinauswill? Seine zügige Antwort jedoch zeigt mir, er hat sofort verstanden.

Niklas Frank: „Nein, der Räuber Toni, war eine reale Person. Er hieß Toni Huber und arbeitete in einem Skiverleih. Er war halt so ein hagerer Typ. Wir Kinder nannten ihn so."

Christiane Köhne: „Wie wurde die *Dame mit dem Hermelin* zum Schliersee transportiert? Kam sie zum *Schoberhof* oder zum *Haus Bergfrieden*?"

Niklas Frank: „Am 17. Januar 1945 verließ mein Vater Krakau. Ich kann mich nicht mehr genau erinnern, ob wir Kinder mit der Mutter schon vorher abgereist waren. Auf jeden Fall hat mein Vater und seine Gefolgschaft Halt auf *Schloss Seichau* gemacht und dort ordentlich gesoffen. Dort wurde die *Dame mit dem Hermelin*, sowie die anderen Gemälde, von einem LKW auf den anderen umgeladen und zum *Haus Bergfrieden* an den Schliersee gebracht. Mein Vater wollte das Bild immer in seiner Nähe haben."

Christiane Köhne: „Wo war der *Andachtsraum*?"

Niklas Frank: „Der Andachtsraum war bei meinem Vater im *Haus Bergfrieden*. Er wohnte ja nicht bei uns, er besuchte uns nur ab und zu auf dem *Schoberhof*."

Christiane Köhne: „Was war der Andachtsraum?"

Niklas Frank: „Als mein Vater im *Haus Bergfrieden* angekommen war, hatte er nicht mehr viel zu erledigen. Starr wartete er täglich darauf, abgeführt zu werden. Er besaß einen gefälschten Pass mit dem Namen Fischer, doch das hat ihm auch nicht weitergeholfen. Jeden Tag verbrachte er viele stille Stunden im *Andachtsraum*. Mein Vater hatte alleinigen Zutritt. Vielleicht noch seine Privatsekretärin und Geliebte Helene „Lilly" Kraffczyk. Auch der Hund Tommi könnte im *Andachtsraum* gewesen sein. Garantiert hat er in dieser Zeit mit der *Dame mit dem Hermelin* gesprochen und ihr seine Sorgen und Nöte mitgeteilt. Er hat gelitten wie ein Hund, weil Lilly sich von ihm abgewandt hatte. Wahrscheinlich hat mein Vater sie mit seinem katholischen Geschwafel vollgequatscht."

Christiane Köhne: „Haben die Amerikaner das Bild mitgenommen? Mich würde auch interessieren, ob es ein „Monuments Man" war.

Niklas Frank: „Ein Leutnant Stein hat das Bild mitgenommen. Er war spezialisiert auf Kunst. Er war deutscher Jude."

Christiane Köhne: „Wenn Sie die *Dame mit dem Hermelin* gewesen wären, was wäre das Schlimmste, was sie je gehört oder gesehen haben?"

Niklas Frank: „Mein Bruder Norman spielte auf der Wawel Fußball mit seinen Freunden. Da hörten sie Männerstimmen und kurz darauf Schüsse. Da sagte einer von den Jungen: ‚Jetzt werden wieder welche erschossen'. Damals war es so, dass für einen getöteten Deutschen, 30 bis 50 Polen erschossen wurden. Norman konfrontierte meinen Vater damit am Essenstisch. Ich stelle mir das gerade vor, wie er das gestohlene, goldene Besteck auf den Tisch knallte und brüllte: ‚Ich will davon nichts wissen!' und in sein Arbeitszimmer flüchtete. Garantiert hat er mit der *Dame mit dem Hermelin* geredet, weil er sich in diesem Moment eingestehen musste, dass sein Sohn Norman genau wusste, dass sein Vater ein Mörder war."

Das Gespräch mit Niklas Frank wird mir noch lange in Erinnerung bleiben. Ich weiß noch, wie nervös ich war, als ich seine Telefonnummer gewählt habe. Mein Herz schlug mir bis zum Hals. Mir war bewusst, dass das der Mann war, von dem ich die Bücher *Der Vater – Eine Abrechnung* und *Meine Familie und ihr Henker* gelesen habe. Ich konnte den Hass, den Niklas Frank auf seinen Vater hatte, in jeder Zeile seiner Bücher spüren, genauso wie seine Befürchtung, von dem Gedankengut seines Vaters angesteckt worden zu sein. Aus diesem Grund trägt Niklas Frank ein Foto, das den toten Vater nach seiner Hinrichtung zeigt, immer bei sich, um sich zu vergewissern, dass dieser menschenverachtende Mann wirklich tot ist. Bis heute unterstützt Niklas Frank den Kampf gegen den Antisemitismus. Die Fotos in diesem Kapitel sind aus seinem Privatarchiv. Offen und ehrlich haben wir miteinander geredet und im Laufe des Gesprächs verschwand auch meine innere Anspannung. Niklas Frank hat mich darin bestärkt, dieses Buch zu schreiben, dafür danke ich ihm von ganzem Herzen.

Der Astronom

Ein Brief von dem Astronomen

Der Astronom
Jan Vermeer, 1668
Öl auf Leinwand
51,5 x 45,3 cm

Sehr geehrte Mademoiselle Valland,

niemals werde ich den Moment vergessen, als wir uns das erste Mal begegnet sind. Sie standen hinter einem Fenster ihres Museums und mussten mit ansehen, wie ich und die vielen anderen Bilder von der Pritsche eines Lastwagens auf die Erde, vor dem Eingang des Jeu de Paume Museums, geworfen wurden. Den deutschen Soldaten war es egal, ob wir beschädigt wurden oder nicht. Brutale Gewalt, Ignoranz, Gleichgültigkeit. Als man mich an Ihnen vorbeitrug, Mademoiselle Valland, da huschte ein feines Lächeln über Ihre Lippen, und Ihre Augen strahlten. Natürlich nur dezent und ganz versteckt, da der Feind ja nicht bemerken durfte, dass Sie mich erkannt hatten. In diesem Moment habe ich eine starke, emotionale Verbindung zwischen uns beiden verspürt.

Liebe Mademoiselle Valland, wie Sie wissen, bin ich ein Astronom. Mein ganzes Leben lang befasse ich mich, mit Hilfe meines Himmelsglobus und meines Astrolabiums, mit dem Universum und welche Gesetze in ihm herrschen. Es ist eine ganz wunderbare Arbeit, die ich sehr liebe. Es gibt Menschen, die sagen, dass man in den Sternen die Zukunft voraussagen kann. Hätte ich das gekonnt, ich wäre zutiefst erschrocken gewesen, was ich dort gesehen hätte. Doch möchte ich lieber ganz von vorn beginnen.

Mein letzter Besitzer war der Franzose Édouard Alphonse James de Rothschild, der Sohn von Alphonse de Rothschild. Nach dem Tod seines Vaters erbte Édouard die Bank Rothschild Frères, einen Anteil des Weinguts Château Lafite-Rothschild, sowie die Gemäldesammlung. Mich freute es zu sehen, dass der Sohn genauso kunstverliebt war wie sein Vater. Vor dessen Tod saßen die beiden häufig bei einem guten Glas Rotwein im Salon und philosophierten über die Kunst. Dabei betrachteten mich die Herrschaften leidenschaftlich. Der junge Édouard war in die Fußstapfen seines Vaters getreten. Er widmete sich den Bankgeschäften, sammelte Kunst und war ein genialer Pferdezüchter. Die Welt schien in Ordnung. Ich konnte meinen astronomischen Aufgaben in Ruhe nachgehen, auch wenn manchmal die Kinder des Barons, Guy, Jacqueline und Bethsabée, wild durch den Salon tobten. Ihre Mutter Germaine war eine gute Mutter und sehr gescheit in der Familienführung. So hätte es ewig weiter gehen können, doch es zogen Gewitterwolken am Horizont auf. Ich hörte die Eheleute immer häufiger über Deutschland reden. Dort sollten Juden vertrieben, sogar getötet worden sein. Die Familie war in großem Aufruhr! Édouard und Germain schmiedeten einen Plan. Sie wollten auf ihrem Schloss Ferrières-en-Brie Juden aus Deutschland und Österreich Zuflucht gewähren. Ich erinnere mich noch ganz genau an den Tag, als die Flüchtlinge zu uns auf das Schloss kamen. Ihre Erzählungen ließen mich erschauern. Sie sprachen von Plünderungen, Gettos, Mord und Vernichtung. Ich konnte nicht glauben, dass es so etwas wirklich geben würde. Aber ja, darum waren diese Menschen ja hier gestrandet. Immer häufiger hörte ich den Namen Adolf Hitler, der für all das Leid verantwortlich war. Was war das bloß für ein Mensch, der Befehle erteilte, jüdische Männer, Frauen und Kinder zu töten? Édouard, Germain und die Kinder waren auch Juden. Bis zu diesem Zeitpunkt schien das überhaupt kein Problem gewesen zu sein. Immer häufiger drehten sich die Gespräche der Eheleute um das Thema Flucht. Sie wollten nach Amerika und zwar nach New York.

Im Frühsommer 1940 eroberten die Deutschen Frankreich. Meine Besitzer schmiedeten hektisch neue Pläne und schon recht bald wurde mir klar, dass mein Leben nie mehr so sein würde wie früher. Eines Nachts, ich schaute gerade gedankenverloren auf meinen Sternenglobus, hörte ich Geräusche im Salon. Ich erschrak, denn normalerweise schlief das ganze Haus um diese Uhrzeit. Édouard und Germain betraten den Salon und fingen an, alle Gemälde von den Wänden zu nehmen. Behutsam wurde ich in eine Decke gewickelt. Angestrengt lauschte ich den Geräuschen um mich herum. Es wurde kein Wort gesprochen. Ich vernahm nur das gleichmäßige Atmen des Barons und seiner Gemahlin, sowie das leise Rascheln von Stoff. Nach einer Weile wurde das Licht wieder gelöscht, danach kehrte Stille ein. Am nächsten Morgen, ich hörte wie üblich den Hahnenschrei durch das Fenster dringen, kamen mehrere Personen in den

Salon. Ich wurde aus dem Schloss zu einem Fahrzeug gebracht. Wir fuhren eine unendlich lange Zeit, dann hielten wir plötzlich an. Der Kofferraum wurde geöffnet und Bilder wurden aus dem Wagen getragen. Ich hörte das Knirschen von Kies unter Schuhsohlen. Auch ich wurde kurz angehoben, aber wieder abgelegt. Der Kofferraum schlug zu, und wir fuhren weiter. Der Motor schnurrte vor sich hin, was mich wohl dazu veranlasst haben musste, einzuschlafen. Abrupt wurde ich durch das Zuschlagen einer Wagentür geweckt. Ich vernahm Vogelgezwitscher, hörte Kühe muhen und Pferde wiehern. Da dämmerte es mir, wohin man mich gebracht hatte. Ich war auf dem Gestüt Haras de Meautry in Touques! Hier also wollte mich Baron Rothschild, zusammen mit den anderen Gemälden, vor den deutschen Nazis verstecken. Keine schlechte Idee. Wie oft habe ich Édouard und Germain über ihre Pferdezucht auf ihrem Gestüt reden hören. Die Entfernung vom Schloss Ferrières-en-Brie bis nach Touques beträgt weit mehr als zweihundert Kilometer. Hier würden mich die Deutschen garantiert niemals finden! In meinem Versteck quälten mich tagtäglich die Gedanken, wie es wohl Édouard, Germain und den Kindern gehen würde? Hatten die Deutschen sie gefunden? Wurden sie getötet oder hatten sie es bis nach Amerika geschafft? Fragen über Fragen. Keine Antworten. Ein Tag verstrich wie der andere. Nichts passierte.

Eines Tages, ich war gerade dabei, einen Teil der Milchstraße zu erforschen, wurde ich unsanft aus meinen Gedanken gerissen. Ich hörte laute Stimmen, Geschrei, einen Schuss, dann wurde es wieder still. Ich fürchtete mich. Was war passiert? Nach einem kleinen Moment fing das Geschrei wieder von vorne an. Ich kannte die Sprache. Es war die deutsche. Jemand schrie Befehle und einen kurzen Augenblick später brach das Chaos aus. Ich hörte das Getrampel von Stiefeln auf der Treppe. Türen wurden aufgerissen, Gegenstände auf den Boden geworfen. Ich hielt die Luft an, jetzt konnte es nur noch einen Bruchteil von Sekunden dauern, bis sie mich entdecken würden. Mein Versteck war auf dem Dachboden des Herrenhauses. Plötzlich wurde meine

Decke, die mich vor Staub und Schmutz schützen sollte, mit einem Ruck entfernt. Ich erschrak, denn vor mir stand ein Mann in Uniform, der mich mit weit aufgerissenen Glubschaugen anstarrte. Er kam mir sogar so nahe, dass ich die kleinen, schwarzen Sprenkel in seiner blauen Iris erkennen konnte. „Ich habe wieder eins gefunden Herr General!", rief er mit lauter Stimme und schaute sich im ganzen Raum um, ob er noch mehr Gemälde ausfindig machen konnte. Er konnte, leider. Wir wurden allesamt auf einen Pritschenwagen verladen und nach Paris gebracht. Zu Ihnen Mademoiselle Valland, zum Jeu de Paume Museum. Wie Sie wissen, wurden wir unsanft in Ihr Museum gebracht und mussten uns mit tausend anderen Gemälden den Platz teilen. Als sich damals unsere Blicke trafen, wusste ich, dass Sie nicht freiwillig das Spiel der Nazis mitgespielt haben. Sie waren ihnen unterstellt, richtig? Von meinem Standort aus konnte ich tagein, tagaus viel beobachten und so langsam verstand ich den Ablauf im Museum, welches gar kein richtiges Museum mehr wahr. Die Nationalsozialisten hatten Ihr Museum, Mademoiselle Valland, zu einem Umschlagplatz für die Kunst gemacht. Tagtäglich kamen neue Gemälde und Statuen ins Jeu de Paume. Dort wurden sie registriert, verpackt und weiter nach Deutschland transportiert. Das Museum war eine Drehscheibe zum Transport für die Kunst geworden. Tagsüber war es laut und es ging zu wie auf dem Marktplatz von Delft. Nach Feierabend jedoch kehrte Ruhe ein, und dann eines Abends, als niemand mehr im Museum war, sah ich Sie, Mademoiselle Valland. Ich sah, wie Sie sich vorsichtig umschauten, ob noch jemand im Museum war. Sie leerten die Papierkörbe und machten sich Abschriften von den Transportscheinen. Teilweise haben Sie die Listen mit den Bestimmungsorten für die Kunst in Deutschland mit nach Hause genommen und am nächsten Morgen wieder an ihren alten Platz gelegt, genauso wie die Fotonegative. Auch habe ich gesehen, Mademoiselle Valland, wie Sie die Gespräche von den deutschen Offizieren belauscht haben. Das war ganz schön mutig von Ihnen. Hätte man Sie erwischt, wären Sie garantiert sofort hingerichtet worden. Mir ist nicht entgangen, wie Sie sich intensiv mit den französischen Arbeitern, die die Kunst für den Transport verpacken mussten, über die Bestimmungsorte in Deutschland ausgetauscht haben. Man gab Ihnen bereitwillig Auskunft. Ich machte mir langsam ein Bild von Ihnen, welches ich wie folgt beschreiben möchte. Sie sind eine Spionin, Mademoiselle Valland, und zwar eine Spionin für die Kunst! Ich weiß nicht, wie lange Sie Ihrer Arbeit schon nachgegangen sind, bevor ich in Ihr Museum kam, aber Sie haben garantiert eine Menge Informationen gesammelt!

Ich erinnere mich noch an den Tag, ich hatte schon Angst, dass ich von Ihnen fortgebracht werden würde, Mademoiselle Valland, da herrschte große Aufregung im Jeu de Paume. Auf einmal musste alles ganz schnell gehen. Es wurde hektisch hin und her geräumt. Ich wurde plötzlich mit vielen anderen Bildern an die Wand gehangen. Als die Arbeit erledigt war, hielten alle den Atem an, auch Sie Mademoiselle Valland, da plötzlich hoher Besuch das Museum betrat. Im ersten Moment dachte ich, es wäre Adolf Hitler, hatte ich doch in vielen Gesprächen zwischen Reichsleiter Rosenberg und Leutnant van Baehr vernommen, dass Hitler ein Führermuseum in Linz errichten wollte, und zwar mit gestohlener Kunst aus ganz Europa. Doch der Mann, der das Jeu de Paume betrat, war garantiert nicht Hitler. Woher ich das wusste? Ganz einfach, auf dem Schreibtisch von Leutnant von Baehr stand eine Büste von einem Mann mit einem kleinen Schnauzbart. Auch zierte ein Gemälde von diesem Mann sein Büro, welches ich gut einsehen konnte, wenn die Tür offenstand. Dieser Mann, der jetzt das Museum betrat, war fettleibig und hatte keinen Bartwuchs. Es dauerte gar nicht lange, da fiel der Name Reichsmarschall Göring. Alles drehte sich nur um ihn. Er marschierte wie ein aufgeblasener Gockel an uns vorbei, wobei mir sein gieriger Blick verriet, dass er mich garantiert für sich selbst besitzen wollte. Göring zeigte auf das eine oder andere Bild, welches für den Transport nach Deutschland fertig gemacht werden sollte. Leider zeigte er auch auf mich. Was würde jetzt bloß weiter mit mir geschehen? Erst einmal gar nichts, da nach der Auswahl der Bilder kräftig gefeiert und getrunken wurde. Als Sie schon nicht mehr im Museum waren, fand eine wahre Völlerei statt. Es wurden Speisen aufgetragen, davon hätte man eine ganze Kompanie satt bekommen. Es wurde geraucht, gesoffen und wild diskutiert. An diesem Abend wurde das eine oder andere Gemälde unter dem Tisch verkauft, wenn Sie verstehen, was ich damit meine...

Übrigens, wussten Sie, Mademoiselle Valland, dass ich Sie durchschaut habe? Sie können, genauso wie ich, die deutsche Sprache verstehen, habe ich recht? Ihre Reaktionen bei den Gesprächen, die sie heimlich bei den Generälen und Offizieren belauscht haben, ließ mich darauf schließen.

Am nächsten Morgen trat das ein, was ich befürchtet hatte. Ich wurde von der Wand genommen, zu den Verpackern gebracht, in eine Holzkiste gelegt, immerhin war ich jetzt geschützt vor äußeren Einwirkungen, und abtransportiert. Liebe Mademoiselle Valland, das war für mich einer der schmerzlichsten Augenblicke in meinem Leben, als wir beide voneinander getrennt wurden. Auf meinem weiteren Transport, ich wusste ja nicht, wohin meine Reise jetzt gehen würde, habe ich immer nur an Sie gedacht. Ich stellte mir die Frage, ob Sie wohl auch meinen Transportschein heimlich gelesen haben und wussten, wo mein Bestimmungsort in Deutschland sein würde. Ich hegte die stille Hoffnung, dass es so war.

Ich trat eine lange Reise an. Erst wurde ich in einen Zug verfrachtet, ich ging davon aus, dass noch mehr Gemälde mit mir unterwegs waren. Da ich in der Holzkiste, in die ich hineingelegt worden war, nichts sehen konnte, musste ich mich auf meine anderen Sinnesorgane verlassen. Das monotone Geräusch der Räder auf dem Schienenstrang glich einem eintönigen Gesang, der nicht enden wollte. Irgendwann waren wir an unserem Ziel angekommen. Ich hörte, wie die Waggontüren laut aufgestoßen wurden. Männer mit einem Dialekt, den ich leider nicht zuordnen konnte, sprachen hektisch miteinander. Eine Eiseskälte drang durch die Holzkiste zu mir herein. Ich wurde auf ein neues Fahrzeug verladen, und weiter ging meine Reise. Ich machte mir gerade so meine Gedanken, wo ich wohl landen würde, da schlingerte auf einmal das Fahrzeug und ich wurde in meiner Holzkiste kräftig hin und her geworfen. Der Fahrer versuchte, den Wagen wieder unter Kontrolle zu bekommen, jedoch vergebens. Irgendetwas bremste uns aus, und abrupt kamen wir zum Stehen. Stille. Es dauerte eine ganze Weile, bis sich etwas regte. Ich hatte Angst, dass dem Fahrer und seinem Begleiter vielleicht etwas zugestoßen sein könnte, da hörte ich plötzlich eine Männerstimme laut fluchen: „Jetzt is ois im Oasch! Der verdammte Schnee! I werd narrisch!" So ging das in einer Tour weiter. Wenn ich die Sprache richtig interpretiert habe, so waren wir von der Fahrbahn abgekommen und in einer Schneewehe stecken geblieben. Die Männer forderten mit einem Sprechfunkgerät Hilfe an. Diese konnte aber erst am nächsten Tag kommen, da der Schneefall zu stark und die Straße komplett unbefahrbar war. Was für eine Tortour!

Liebe Mademoiselle Valland, ich möchte Sie nicht mit meinen Transportbeschreibungen langweilen, daher schreibe ich Ihnen, was ich sah, als man mich aus meiner Holzkiste nahm. Als Erstes sah ich die heilige Barbara, die Schutzpatronin der Bergleute. Daraus schloss ich, dass ich mich in einem Bergwerk befinden musste. Um mich herum sah ich Hunderte von Bildern und Skulpturen, aber auch alte Waffen und Schmuck wurden hier unten gelagert. Jedes Bild wurde penibel auf seinen Zustand hin begutachtet. Danach wurde es fotografiert und registriert. Anschließend stellte man uns in große Holzregale. Ich hatte von meinem Regal aus einen guten Überblick über das Geschehen um mich herum. Jeden Tag kamen neue Kunstgegenstände zu uns unter die Erde, ein nicht enden wollender Strom von Kulturgütern. Gestohlen von den Nationalsozialisten, die sich an der Kunst anderer bereichert hatten. Genauso wie Sie im Jeu de Paume, meine verehrte Mademoiselle Valland, habe ich die

Gespräche der Arbeiter belauscht. Daher wusste ich, dass wir in einem Salzbergwerk in Altaussee untergebracht worden waren. Meine geografischen Kenntnisse sagten mir, dass ich in Österreich gelandet war. Mir fielen wieder die Worte von Hermann Göring und Alfred Rosenberg ein, die in Ihrem Museum ständig vom „Führermuseum in Linz" geredet hatten. Ich wurde das mulmige Gefühl nicht los, dass ich schon bald dorthin gebracht werden sollte, dass dieser Ort nur eine Zwischenstation für mich war. Das Klima unter Tage war übrigens sehr angenehm. Ich hatte keinerlei Bedenken, dass mir hier unten irgendetwas zustoßen könnte.

Liebe Mademoiselle Valland, die Tage vergingen, einer wie der andere, und ich konnte, sobald morgens die Scheinwerfer unsere Unterkunft beleuchteten, in Ruhe arbeiten. Doch irgendetwas bahnte sich an. Ich kann Ihnen gar nicht genau erklären, woher dieses Gefühl kam, aber irgendetwas war im Gange. Die Arbeiter unterhielten sich immer häufiger im Flüsterton. Es herrschte eine gewisse Anspannung zwischen den Männern, die uns registriert und restauriert hatten und den Arbeitern im Salzbergwerk. Soldaten in SS-Uniformen mit Hakenkreuzbinden schauten immer häufiger vorbei und stellten den Restauratoren viele Fragen. Worüber sie redeten, konnte ich leider nicht verstehen, aber ihre besorgten Gesichter ließen darauf schließen, dass es nichts Gutes sein konnte. Wenn gerade niemand von den Restauratoren, Sekretärinnen und Soldaten vor Ort war, trafen sich die Bergarbeiter heimlich vor meinem Regal. Es wurde dann wild diskutiert. Ich konnte aus dem ganzen Durcheinander nur Sprachfetzen verstehen. Doch die Worte Aufstand, Marmor und Bombe hörte ich häufiger heraus. Da wurde es mir langsam mulmig zumute. Sie können mir glauben, Mademoiselle Valland, ich fürchtete um mein Leben!

Eines Tages riss mich eine laute Detonation aus meinem Schlaf. Die Erde um mich herum bebte, Dreck und Staub rieselte von der Decke, und die Regale, in denen wir verstaut worden waren, schwankten verdächtig hin und her. Ich hatte Todesangst! Doch Gott sei Dank beruhigte der Berg sich wieder. Nach der Sprengung blieb es in unserem Bereich des Bergwerks dunkel und still. Kein Mensch kam mehr zu uns herunter. Ich fand keinerlei Erklärung für diese merkwürdige Situation.

Liebe Mademoiselle Valland, ich kann Ihnen gar nicht schreiben, wie lange wir in dieser Dunkelheit ausharren mussten, bis ich eines Tages Stimmen vernahm. Erst habe ich gedacht, ich hätte mich verhört, aber als dann noch Taschenlampen zu uns herüber leuchteten, wusste ich, dass wir gerettet waren. Plötzlich gingen auch wieder die Scheinwerfer an. Ich sah viele Bergleute und Soldaten, aber keine Nazis. Die Soldaten waren Amerikaner. Ich sah ihre erstaunten Gesichter, als sie uns entdeckten. Einer von ihnen holte mich aus dem Regal heraus und zeigte mich einem anderen Soldaten. Sie können sich nicht vorstellen, wie erstaunt ich war, als ich ihn sagen hörte: „Mademoiselle Valland ist wirklich unglaublich! Die Kunstwerke aus dem Jeu de Paume Museum sind tatsächlich hierhin gebracht worden. Schaut mal, hier ist sogar der Astronom von Vermeer! Der gehört doch, laut den Aufzeichnungen von Mademoiselle Valland, der Familie Rothschild."

Von dem Moment an wusste ich, dass ich wieder nach Hause kommen würde.

Merci, Mademoiselle Valland

Die heilige Barbara im Salzbergwerk Altaussee

Das Salzbergwerk Altaussee birgt ein Geheimnis

Im Sommer 1939 gründete Adolf Hitler den „Sonderauftrag Linz". Sein Plan war es, Kunstgegenstände aus ganz Europa für sein Führermuseum in Linz zu beschaffen. Mit jedem Land, welches die deutschen Truppen neu besetzten, wurde auch nach Kulturgütern Ausschau gehalten. Besonders in den Niederlanden, Belgien und Frankreich waren große Kunstschätze vorhanden. Für die Kunstbeschaffung in Frankreich war die Rauborganisation der NSDAP, der Einsatzstab Reichsleiter Rosenberg, kurz ERR, verantwortlich. Seine Aufgabe war es, für den Führer Kunstgegenstände ausfindig zu machen, zu konfiszieren, registrieren und zu fotografieren, um sie anschließend weiter nach Deutschland zu verschicken. Im Auftrag des ERR wurden private Sammlungen jüdischer Familien, wie zum Beispiel der Rothschilds, von Alphonse Kann, David David-Weill oder die Sammlung Alphonse Schloss, um hier nur einige zu nennen, beschlagnahmt. Die Nationalsozialisten plünderten Schlösser, Herrenhäuser, Galerien, Museen, Bibliotheken, Bankdepots, Lagerhäuser und Kirchen. Nichts blieb unversehrt, um Hitlers Gier nach Kunst zu stillen. Damit sich niemand anderer an den Kulturgütern vergreifen konnte, wurde der sogenannte „Führervorbehalt" eingerichtet. Dieser verfolgte den Zweck, dass von den beschlagnahmten Kunstschätzen zuallererst an Hitler Meldung gemacht werden musste, damit dieser auch als Erster eine Auswahl für sein Museum in Linz und natürlich auch für seinen privaten Gebrauch treffen konnte. Kunst, die nicht der Ideologie des Führers entsprach, wie Expressionismus, Surrealismus, Dadaismus, Neue Sachlichkeit, Kubismus und Fauvismus, galt als „Entartete Kunst" und wurde zur Devisenbeschaffung auf dem internationalen Kunstmarkt, meist über die Schweiz, zum Verkauf angeboten.

In Paris wurde für die Registrierung und Inventarisierung der französischen Kunstschätze, die aus den jüdischen Sammlungen gestohlen wurden, das Jeu de Paume Museum in Betracht gezogen. Zu diesem Zeitpunkt arbeitete dort Rose Valland als stellvertretende Kuratorin in dem Museum. Der Direktor der staatlichen Museen, Jacques Jaujard, sowie Rose Valland, waren Mitglieder der Résistance, einer Widerstandsbewegung. Jaujard beauftragte Rose Valland mit der Aufgabe, den Feind auszuspionieren. Sie war die optimale Besetzung für diesen Posten, da ihre Bescheidenheit und schüchterne Persönlichkeit keinerlei Verdacht erregten. Was die Nationalsozialisten nicht wussten war, dass Rose Valland die deutsche Sprache verstand. Die Aufgaben, die sie von den Deutschen zugeteilt bekommen hatte, waren jene, als Verbindungsperson zwischen der deutschen Verwaltung und dem französischen Personal tätig zu sein, sowie sich um die Bedürfnisse des Wachpersonals zu kümmern. In dieser Position konnte sie tagtäglich die Gespräche der Deutschen belauschen. Abends durchsuchte sie die Papierkörbe nach Informationen. Sie unterhielt sich mit den französischen Arbeitern, die die Kunst für den Transport nach Deutschland verpacken mussten. Sie waren Rose sehr zugetan und so erfuhr sie bei dem einen oder anderen Gespräch so ganz nebenbei, wo der Bestimmungsort der Kunstgegenstände in Deutschland sein sollte. Auf diesen Wegen sammelte Rose Valland innerhalb von vier Jahren wichtige Informationen, die sie Abend für Abend zu Hause in ihr Tagebuch eintrug und regelmäßig an Jacques Jaujard weiterleitete.

Eines Tages wurde „Der Astronom" von Vermeer aus der Sammlung von Édouard de Rothschild zur Registrierung ins Jeu de Paume Museum gebracht. Rose Valland erkannte ihn sofort. Auch seinen Bestimmungsort notierte sie sich in ihrem Tagebuch, welches sie später, nach der Befreiung Frankreichs, an den „Monuments Man", James Rorimer übergab. Ein weiterer Nationalsozialist, der sehr an den Kunstschätzen aus Frankreich interessiert war und über zwanzigmal das Jeu de Paume Museum in Paris aufgesucht hatte, um für sich und den Führer Kunst zu „kaufen", war der Kunstliebhaber und Sammler Reichsmarschall Hermann Göring. Der Bestimmungsort für viele Kulturgüter aus Frankreich in Deutschland war u. a. München. Dort wurden sie im „Führerbau" gelagert und inventarisiert. Doch die Ereignisse in Deutschland überstürzten sich, der Krieg forderte seine Aufmerksamkeit und so blieb kaum Zeit, sich um die Kunstschätze zu kümmern. Die Bedrohung durch Luftangriffe durch die Alliierten wurde immer größer. Es schien keinen Sinn zu ergeben, die Kunstsammlung für das „Führermuseum" an einem zentralen Ort zu lagern, da die Gefahr, dass alles mit einem Schlag vernichtet werden könnte, einfach zu groß war. Die Kunstschätze sollten nun in ganz Mittel- und Süddeutschland verteilt werden. Es entstanden Depots wie Schloss Neuschwanstein, Schloss Hohenzollern, Schloss Kogl und Kloster Buxheim, um hier nur einige zu nennen. Das Stift Kremsmünster in Oberösterreich war eines der größten Depots für die Kunstsammlungen des geplanten „Führermuseums" in Linz. Als dieses in die Reichweite der alliierten Bomber geriet, wurde das Salzbergwerk in Altaussee als neues Depot in Betracht gezogen. Herbert Seiberl, Leiter des Bundesdenkmalamtes in Wien, leidenschaftlicher Kunstliebhaber und Nationalsozialist, begab sich auf die Reise in das Salzkammergut, um die dortigen Bergwerke zu inspizieren. Im Salzbergwerk Altaussee machte er eine interessante Entdeckung. In der Barbara Kapelle – die heilige Barbara ist die Schutzpatronin der Bergleute – war der Erhaltungszustand des frühbarocken Madonnenbildes und der barocken Heiligenfiguren in einem einwandfreien Zustand. Die Farben waren so frisch und leuchtend, als ob die Figuren gerade erst ihren Anstrich bekommen hätten. Die Textilien auf dem Altar waren unbeschädigt. Was Seiberl aber am meisten erstaunte war, dass die Kränze aus Alpenblumen und Reisig nicht einmal ihre Blätter und Nadeln verloren hatten. Sie waren durch das Salz konserviert worden. Nach weiteren Tests kam Herbert Seibel, zusammen mit dem Direktor der Salinen, Emmerich Pochmüller, zu dem Schluss, dass der Raum für die Lagerung und Denkmalpflege, dass sogenannte „Springerwerk" im Salzbergwerk werden sollte. Weitere Punkte sprachen für das Salzbergwerk in Altaussee, nämlich seine abgeschiedene Lage, es war nur über eine enge, steile Passstraße zu erreichen, und seine große Lagerkapazität mit ca. 40 000 m². Das Salzbergwerk besaß einen kompletten Schienenanschluss, somit war für den Transport der Kunstgegenstände in das „Springerwerk" gesorgt. Die optimalen Lagerbedingungen, die Raumtemperatur betrug konstante 7° Celsius und die Luftfeuchtigkeit rund 75 %, machten das Salzbergwerk Altaussee zu einem geeigneten Versteck für die geraubten Kunstgegenstände der Nationalsozialisten. Um die Lagerstätte perfekt zu machen und die Kunst vor herunterfallendem Gestein zu schützen, wurde im „Springerwerk" des

Salzbergwerks Altaussee die Decke mit Holz verschalt und mit Holzpfosten abgestützt. An den Stellen, wo der Boden uneben war, wurden Holzterrassen eingezogen, die über Treppen miteinander verbunden waren. Natürlich durften Regale für die wertvollen Kunstgegenstände nicht fehlen. In den Kriegsjahren von 1943 bis 1945 wurden ca. 1 200 m^2 Holz verbaut und für die entsprechende Beleuchtung fünf Kilometer Kabel in den Berg verlegt. Ein Restaurationsraum wurde eingerichtet, denn nicht immer kamen die Kunstgegenstände im perfekten Zustand im Salzbergwerk an. Der ganze Umbau unter Tage passierte während des normalen Bergbaubetriebes. Unter dem Decknamen „Dora" wurde das Salzbergwerk Altaussee zum zentralen Bergungsort für die Kunstsammlungen des Führers. Ein ganzer Stab von Sachverständigen, Restauratoren und Schreibkräften mit entsprechenden Geräten und Materialien, hielten im Bergwerk Einzug, und es dauerte gar nicht lange, da trafen die ersten Transporte mit der Kunst für das Führermuseum ein. Tagtäglich, ein nicht enden wollender Strom von Kunstgegenständen fand seinen Weg unter die Erde zum Springerwerk, wo diese registriert, fotografiert, katalogisiert und in die entsprechenden Regale einsortiert wurden. Zwar sind die damals geführten Inventarlisten verloren gegangen, aber Recherchen haben ergeben, dass weitaus mehr Objekte eingelagert wurden, als bisher angenommen wurde.

Im Frühjahr 1945 sah es schlecht für Deutschland aus, der Krieg war verloren. Da verfasste Adolf Hitler im März 1945 den „Nerobefehl". In diesem Führererlass war Folgendes festgelegt: „Alle militärischen Verkehrs-, Nachrichten-, Industrie- und Versorgungsanlagen sowie Sachwerte innerhalb des Reichsgebietes, die sich der Feind für die Fortsetzung seines Kampfes sofort oder in absehbarer Zeit nutzbar machen kann, sind zu zerstören."

Damit war das Schicksal der Kunstgegenstände im Salzbergwerk Altaussee besiegelt worden. Für die Zerstörung wurde der Gauleiter von Oberdonau, August Eigruber, ein fanatischer Nationalsozialist, beauftragt. Er war bereit, Hitlers Zerstörungsfantasien auszuführen. Zwischen dem 10. und 13. April 1945 veranlasste er, dass acht Kisten mit der Aufschrift „Vorsicht, Marmor nicht stürzen" in das Salzbergwerk gebracht wurden. Doch anstatt des Marmors befanden sich Fliegerbomben zur Vernichtung der gesamten Kunstwerke in den Kisten. Die Bergarbeiter vor Ort spürten, dass irgendetwas mit den Kisten nicht in Ordnung war, zumal es weder Unterlagen über die Fracht gab und sie keinerlei Auskünfte erhielten, noch gab es die üblichen Inventarlisten. Sie wunderten sich über die vielen SS-Offiziere, die höchstpersönlich das Abladen der Fracht übernahmen und den Verlauf streng kontrollierten. Schnell machte das Gerücht die Runde, dass sich Bomben in den Kisten befinden würden. Doch es gab noch Hoffnung, da dem Direktor der Salinen, Emmerich Pochmüller, offiziell zugetragen wurde, was es mit den Bomben in den Kisten auf sich hatte. Pochmüller war hin und her gerissen zwischen seiner Pflichterfüllung gegenüber dem Führer, das Salzbergwerk zu sprengen, oder der Rettung der Mine und der Kunst. Er fuhr mehrfach höchstpersönlich nach Linz, um Gauleiter Eigruber umzustimmen, doch dieser blieb standhaft. Am 20. April 1945 setzte Pochmüller seinen Betriebsleiter Otto Högler von den Bomben im Bergwerk in Kenntnis. Ein Wettlauf mit der Zeit begann. Högler beraumte eine Betriebsversammlung seiner Mitarbeiter an und erklärte ihnen die aktuelle Lage, dass sämtliche Ansuchen, die Bomben wieder aus dem Salzbergwerk zu entfernen, gescheitert waren. Einen Tag später meldeten sich alle zwölf Mitarbeiter einer Schicht freiwillig, um die Bomben aus dem Bergwerk zu schaffen. Unter Einsatz ihres Lebens, sie handelten gegen den Befehl von Gauleiter Eigruber und waren somit Saboteure, bargen sie die Bomben aus dem Bergwerk und brachten diese in ein angrenzendes Waldstück. Anschließend wurden die Zugänge der Mine durch mehrere kontrollierte Sprengungen versperrt. Die Bomben blieben bis zum Eintreffen der Amerikaner am 8. Mai 1945 im Wald versteckt.

Lagerbestand 1945

6 500 Gemälde, 1 700 Bücherkisten und Pakete, 230 Zeichnungen, 70 Möbelstücke, 480 Kisten mit verschiedenen Inhalten, 130 Skulpturen, 900 Waffen, 70 Körbe Kunsthandwerk, 120 Wandteppiche, 950 Grafiken und 280 Verschiedenes

Édouard de Rothschild, der am 23. Juni 1940 mit seiner Frau und seiner Tochter Bethsabée über Lissabon nach New York emigriert war, kehrte nach Frankreich zurück. Seine Kunstsammlung, die unter anderem *Der Astronom* von Vermeer beinhaltete, wurde ihm restituiert.

Lübecker Kruzifixus Ausstellung „Entartete Kunst" 1939

Ein Brief von Jesus

Lübecker Kruzifixus
Professor Ludwig Gies
ca. 1920/1921
Holz

Sehr geehrte Mademoiselle Valland,

bitte wundern Sie sich nicht, wenn Sie diesen Brief in den Händen halten und Sie als Absender Jesus von Nazareth lesen. Ich
schreibe Ihnen, da ich mich, zusammen mit vielen anderen
Kunstwerken, in einer großen Notlage befinde, da wir als entartet gelten. Ich verstehe das nicht. Mein Schöpfer, Professor
Ludwig Gies, hat mich für den Lübecker Dom erschaffen. Ich
hing in diesem Gotteshaus als Gefallenen-Ehrenmal. Ich bin

von Gott geschaffen, genauso, wie der Künstler von Gott geschaffen wurde mitsamt seiner Kreativität. Mein Korpus aus Holz zeigt meine Qualen die ich, als man mich an das Kreuz schlug, erdulden musste. Mein geschundener Körper, am Kruzifix festgenagelt, meine blutenden Wunden und die Dornenkrone auf meinem Kopf sind die Zeichen für das Leiden Christi. Ludwig und ich haben uns nichts zu Schulden kommen lassen, doch plötzlich galt ich als entartet, und Ludwig wurde von der Preußischen Akademie der Künste „beurlaubt". Sehr geehrte Mademoiselle Valland, Sie können sich nicht vorstellen, wie schlimm es für Ludwig war, keine Arbeit mehr zu haben. Das, was er jahrelang künstlerisch erschaffen hatte, war plötzlich nicht mehr gut genug und wurde von anderen beschimpft und verachtet. Die ganze schöpferische Freiheit, die er in sich trug, die ihn und seine Kunst ausmachte, wurde ihm zum Verhängnis. Ludwig wurde von den Nationalsozialisten gezwungen, seine eigene Kunst zu verleugnen, weil sie nicht in die nationalsozialistische Weltanschauung passte. Wenn man seine Kunst nicht mehr lehren darf, keine Bilder oder Skulpturen mehr erschaffen und verkaufen kann, fehlt es an Geld. Neben den existenziellen Ängsten kommt der innere Zweifel, der an der Seele nagt. Ludwig wurde auf eine Liste gesetzt, die den Farbhändlern ausgehändigt wurde. Da er als Schöpfer von „Entarteter Kunst" galt, durfte ihm niemand mehr Farben verkaufen. Egal welche Materialien er auch benötigte, es wurde ihm schwer gemacht, diese zu bekommen. Jahrelange Freunde wandten sich von ihm ab. In vielen Gesprächen, die Ludwig mit anderen Künstlern geführt hatte, habe ich mitbekommen, dass Künstler entweder, aus Angst entdeckt zu werden, nur noch im Verborgenen arbeiteten, oder ihr geliebtes Deutschland, in dem sie ihr ganzes Leben verbracht hatten, verlassen haben. Einsamkeit, Dunkelheit, Abgeschiedenheit. Entweder man passte sich an oder erfuhr schlimme Repressalien.

An dem Tag, als ich von meinem Schöpfer, Professor Ludwig Gies getrennt wurde, war mir bewusst, dass wir uns nie wieder sehen würden. Ich wurde von den Nationalsozialisten aus dem Lübecker Dom geholt und lieblos in eine Kiste geworfen. Währenddessen haben die Soldaten sich über mich lustig gemacht. Ich wäre eine Schande für jedes Gotteshaus und es sei richtig, dass solch dilettantische Kunst endlich verschwinden würde. Sie haben Ludwig Gies als einen geisteskranken Nichtskönner beschimpft, als einen Menschen mit primitiven Auswüchsen. Ich hörte die Soldaten von der schönen und reinen Kunst reden, die jetzt im Reich Einzug halten sollte, und dass all die Künstler, die solch eine primitive Kunst wie Ludwig hervorbrachten, nicht mehr im Deutschen Reich geduldet wurden. Zusammen mit vielen anderen Bildern und Skulpturen, die als *entartet* galten, wurde ich nach München gebracht. Hier also sollte meine neue Heimat sein. In dem Lagerraum, in dem wir untergebracht wurden, habe ich von Ihnen gehört, Mademoiselle Valland, wie Sie im Jeu de Paume Museum in Paris den „Raum der Märtyrer", wie Sie ihn treffend bezeichneten, einrichten mussten. Einen dunklen, abgelegenen Raum, in dem die *entarteten Bilder* hinter einem schweren Vorhang ihr unerwünschtes Dasein fristeten. Das kommt mir sehr vertraut vor, da auch ich in der letzten Abstellkammer untergebracht worden bin. Ist es wahr, dass es eine Säuberung der Kunst in ihrem Museum gegeben hat, dass sogar Bilder verbrannt wurden? So weit ist es, Gott sei Dank, mit uns noch nicht gekommen, aber ich habe große Befürchtungen, was das angeht. Immerhin sind die Nazis sehr „kreativ", was solche „Reinigungen" betrifft. Übrigens sind zahlreiche Gemälde von Picasso, Braque, Matisse, Dali, Léger, Bonnard, Chagall und Vuillard, die nicht für den Verkauf von Devisen herhalten mussten, hier in München gestrandet. Sie haben mir berichtet, dass es Ihnen, Mademoiselle Valland, das Herz gebrochen hat, wie man mit der *entarteten Kunst* umgegangen ist. Doch wo die Nazis ihre Herrschaft unter Beweis stellen, sind einem die Hände gebunden. Auch wenn Sie irgendetwas zur Rettung der Bilder unternommen hätten, ich bin mir sicher, Sie hätten mit ihrem Leben dafür bezahlt. Ja, es sind schwere Zeiten und keiner weiß, was noch alles auf uns zukommen wird.

Eines Tages passierte etwas Merkwürdiges. Wir, die *Entarteten*, wurden aus unserem „Verlies" geholt und, ich konnte es kaum glauben, an den Wänden angebracht. „Eine Ausstellung!", dachte ich bei mir. „Endlich kommen wir wieder ans Tageslicht und werden für die Öffentlichkeit zugänglich gemacht."

Mein Ausstellungsplatz war direkt am Treppenaufgang des Museums, genau dort, wo die Ausstellung beginnen sollte. Was für eine Ehre! Ich wurde auf einen Sockel montiert, der mit rotem Stoff überzogen war. Unter mir wurde ein Foto angebracht, welches meine Anwesenheit im Lübecker Dom dokumentierte. Auch die Wand hinter mir wurde mit einem roten Tuch bespannt und daran eine Schrifttafel angebracht, die ich nicht lesen konnte. Direkt hinter mir, im ersten Ausstellungsraum wurden Bilder mit christlichen Darstellungen aufgehängt. Alles schien in bester Ordnung zu sein.

Dann kam der 19. Juli 1937, die Eröffnung unserer Ausstellung. Dieses Datum werde ich nie mehr vergessen! Durch die halb geöffneten Fenster in den Nebenräumen hörte ich das Raunen der Menschen auf der Straße. Garantiert waren es sehr viele, die die schöne Ausstellung besichtigen wollten. Bevor jedoch die Menschen zu uns in die Ausstellungsräume emporstiegen, hörte ich, wie unten im Eingangsbereich des Gebäudes, jemand eine Ansprache hielt. Das war natürlich ganz normal, denn bei einer offiziellen Eröffnungsfeier gab es immer eine Rede. Was mich stutzig werden ließ, war, dass Worte wie „Ausgeburten des Wahnsinns", „Barbarei der Darstellung" oder „Schandfleck der deutschen Kulturgeschichte" zu mir heraufdrangen. Jetzt wurde es mir mulmig zumute. Als die Ansprache geendet hatte, hörte ich tosenden Applaus und die Menschen strömten die Treppe empor, direkt auf mich zu. Was ich dann erleben musste, war wie eine zweite Kreuzigung. Angewidert sahen die Menschen mich an. Sie zeigten auf mich, verzogen angeekelt ihre Gesichter und machten sich über mich lustig. Es hätte nicht viel gefehlt und man hätte mich bespuckt. Das, sehr geehrte Mademoiselle Valland, mussten ich und die anderen tagtäglich aushalten. Ein nicht enden wollender Strom von Menschen zog an mir vorbei. Eines Tages blieb ein kleiner Junge an der Schrifttafel hinter mir stehen und fragte seine Eltern, was darauf geschrieben stand. Das, was die Mutter anschließend ihrem Sohn vorlas, tat mir in der Seele weh:

„Man staune! Die prägnante Vereinfachung aller Motive ist nichts als stammelnde Primitivität, sondern absichtsvoll auf die Erzählung ästhetischer Reize gerichtet...

Auch die seelischen Werte sind von so tiefer und eigener Prägung, daß sie allein schon das Werk zu einem der wertvollsten Dokumente zeitgenössischen religiösen Erlebens machen würden...

Schwerlich kann ein Symbol gefunden werden, das gewaltiger und tiefer den Sinn des Weltkrieges und seiner gefallenen Helden der Nachwelt vor Augen hielte."
(Stephanie Barron, „Entartete Kunst". Das Schicksal der Avantgarde im Nazi-Deutschland,1992, S.51)

„Und wofür ist das Fragezeichen, auf der Schrifttafel?", hörte ich den Jungen seine Eltern fragen.

„Warte, es geht ja noch weiter", sagte seine Mutter.

„Dieses Schauerwerk hing als Heldendenkmal im Dom zu Lübeck".

„Das ist ja unglaublich, so eine scheußliche Skulptur als Heldendenkmal zu bezeichnen! Was hat sich dieser angebliche Professor bloß dabei gedacht?" echauffierte sich die Frau.

„Es wurde aber auch wirklich Zeit, dass Hitler sich für die Ästhetik in der Kunst einsetzt", sprach nun der Vater. „So hätte es ja wirklich nicht weitergehen können!"

Der Junge verdrehte seine Augen und sagte: „Der sieht aber auch wirklich hässlich aus Mutter, ich möchte jetzt lieber weiter gehen."

Tagtäglich musste ich mir anhören, wie scheußlich ich aussah, und dass Professor Gies ein Dilettant und ein Nichtsnutz sei.

Sehr geehrte Mademoiselle Valland, meine gequälte Seele wollte sich das nicht mehr mit anhören, doch es gab kein Entrinnen. So starb ich ein zweites Mal den Märtyrertod ...

Ihr Jesus von Nazareth

Führer durch die Ausstellung Entartete „Kunst"

Ausstellung Entartete „Kunst" – Eintritt frei

Am 19. Juli 1937, einen Tag nach der Eröffnung der „Großen Deutschen Kunstausstellung" im Haus der Deutschen Kunst, öffnete die Ausstellung Entartete „Kunst" in den Hofgarten-Arkaden, Galeriestraße 4 in München, erstmals ihre Pforten. Über 700 Exponate, Gemälde, Skulpturen, Zeichnungen und Grafiken von 112 Künstlern und Künstlerinnen, die aus der Sicht der Nationalsozialisten als „entartet" galten, wurden dem bunt gemischten Publikum in München, präsentiert. Als

„entartet" galten dem NS-Regime alle kulturellen Strömungen, deren Ästhetik ihm als „undeutsch" erschien und nicht in das von ihm propagierte Menschenbild passte. Hierzu gehörte der Expressionismus, Dadaismus, Surrealismus, Kubismus und die Neue Sachlichkeit. Am 30. Juni 1937 erließ Reichspropagandaminister Joseph Goebbels ein Dekret, welches Adolf Ziegler, Präsident der Reichskunstkammer ermächtigte, alle großen Museen Deutschlands aufzusuchen, um die entsprechenden Werke für die Ausstellung Entartete „Kunst" zusammenzutragen mit dem Ziel, dem deutschen Publikum durch Verspottung und Diffamierung Klarheit darüber zu schaffen, welche Kunstrichtung im Deutschen Reich nicht mehr geduldet wurde. Kunstwerke, die es nicht in die Ausstellung Entartete „Kunst" geschafft hatten, wurden im Ausland verkauft, um damit Devisen für die Kriegsmaschinerie zu akquirieren. Viele Bilder wurden verbrannt oder landeten still und heimlich in irgendwelchen Privathäusern der Nationalsozialisten. Nach dem raschen Zusammentragen der modernen Kunstwerke, Ziegler hatte gute drei Wochen Zeit, wurde in Windeseile die Ausstellung Entartete „Kunst", mit Ziegler als Kurator, aufgebaut. Es wurden Stellwände in die Räume des Archäologischen Instituts eingezogen und die Bilder dicht an dicht, kreuz und quer, darauf angebracht. Die chaotische Hängung sollte beim Betrachter Unordnung und Chaos hervorrufen. Zum Teil wurden die Bilder aus ihren Rahmen genommen und mit einfachsten Mitteln an den Wänden befestigt, was wiederum ihr Ansehen mindern sollte. Unterhalb der Bilder oder am Sockel wurde der Name des Künstlers, der Titel des Werkes, das Museum, aus dem das Kunstwerk entwendet wurde und, in den meisten Fällen, auch das Ankaufsjahr und die dafür aufgewendeten Gelder in großer Schrift unmittelbar auf die Wand geschrieben. An zahlreichen Kunstwerken klebten kleine Zettel mit dem Hinweis: „Bezahlt von den Steuergroschen des arbeitenden deutschen Volkes!" Viele Bilder wurden in der Zeit der großen Inflation gekauft. Normalerweise hätte die Summe in Reichsmark umgerechnet werden sollen, doch das hatten die Nationalsozialisten absichtlich nicht gemacht, denn so konnte die scheinbare Verschwendung von öffentlichen Geldern die Wut auf die moderne Kunst noch weiter anheizen. Durch das Anbringen von zahlreichen diskriminierenden Bemerkungen, sowie Urteile über die Kunst von Hitler und Goebbels, wurden die Besucher noch weiter gegen die moderne Kunst aufgebracht. Insgesamt umfasste die Ausstellung sieben Ausstellungsräume. Die ersten waren noch nach Themen sortiert, wie Religion, jüdische Künstler, die Entwürdigung der Frau. Die restlichen Ausstellungsräume wurden mit Bildern dekoriert, deren Themen den Nationalsozialisten ein Gräuel waren. Zu diesen Themen gehörten die Abstraktion in der Kunst, der Anti-Militarismus und jede Art der Kunst, die mit den Arbeiten von psychisch kranken Menschen in Relation gesetzt wurde. Die relativ kurze Eröffnungsrede, die Adolf Ziegler, Präsident der Reichskammer der bildenden Künste hielt, tat sein Weiteres. „[...] Sie sehen um uns herum diese Ausgeburten des Wahnsinns, der Frechheit, des Nichtkönnertums und der Entartung. Uns allen verursacht das, was diese Schau bietet, Erschütterung und Ekel. Viele Leiter großer Museen hatten nicht eine Spur von dem Verantwortungsgefühl gegenüber dem Volk und Land, das erste Voraussetzung für die Gestaltung einer Kunstschau sein muß. Ihren Drang, nur Krankhaftes und Entartetes zu zeigen, habe ich in dieser Schau an einem Beispiel verdeutlicht." Ziegler schloss mit den Worten: „Deutsches Volk, komm und urteile selbst!" (Peter-Klaus Schuster, Die „Kunststadt" München 1937. Nationalsozialismus und „Entartete Kunst", 1987, S. 217)

Strategisch günstig war es von den Nationalsozialisten, dass sie für die Ausstellung Entartete „Kunst" keine Eintrittsgelder einhoben, jedoch die Besucher der „Großen Deutschen Kunstausstellung" Eintritt bezahlen mussten. Ein rotes Einlegeblatt im offiziellen Ausstellungskatalog zur „Großen Deutschen Kunstausstellung" erhielt einen Hinweis, die unmittelbar benachbarte Ausstellung Entartete „Kunst" zu besuchen.

Plakativ stand auf dem Einlegeblatt geschrieben:

Gequälte Leinwand –

Seelische Verwesung –

Krankhafte Phantasten –

Geisteskranke Nichtskönner –

Von Judencliquen preisgekrönt, von Literaten gepriesen, waren Produkte und Produzenten einer „Kunst", für die Staatliche und Städtische Institute gewissenlos Millionenbeträge deutschen Volksvermögens verschleuderten, während deutsche Künstler zur gleichen Zeit verhungerten. So, wie jener „Staat" war seine „Kunst".

Seht Euch das an! Urteile selbst! Besuchet die Ausstellung

„Entartete Kunst"
Hofgarten-Arkaden, Galeriestraße 4
Eintritt frei Für Jugendliche verboten
(Einlegeblatt im offiziellen Ausstellungskatalog. Große Deutsche Kunstausstellung 1937. Im Haus der Deutschen Kunst zu München,1937, Hrsg. Haus der Deutschen Kunst)

Wer wäre bei solch einer Vorankündigung nicht neugierig geworden, diese Ausstellung zu besuchen, zumal diese auch noch umsonst war!

Das Reichspropaganda-Ministerium verfasste zahlreiche, meist sensationell aufgemachte Berichte in der Tagespresse, sowie im Radio, die für ein Übriges sorgten. In Scharen kamen die Menschen in die Ausstellung Entartete „Kunst", um sich selbst ein Urteil zu bilden. An manchen Tagen schoben sich bis zu 40 000 Menschen durch die Ausstellungsräume, die die Menschenmassen kaum fassen konnten. Die Räume der Gipssammlung des Archäologischen Instituts, welches die Ausstellung in München beherbergte, war für so viele Menschen nicht ausgelegt. Enge

Räume und Durchgänge, sowie niedrige Decken verstärkten das Gefühl von Unwohlsein. Obwohl Jugendlichen und Kindern der Zutritt verboten war, gab es keine Alterskontrollen. Die Besucher steckten ihre Köpfe zusammen. Sie diskutierten und wetterten über die dargestellte „entartete Kunst". Jedoch gab es garantiert den einen oder anderen Besucher, der sich still und leise von seinem Lieblingsbild oder seinem Lieblingskünstler verabschiedete.

Nach München ging die Ausstellung „Entartete Kunst" auf Wanderschaft. Weitere Stationen waren von 1937-1941: Berlin, Leipzig, Düsseldorf, Salzburg, Hamburg, Stettin, Weimar, Wien, Frankfurt am Main, Chemnitz, Waldenburg und Halle an der Saale. Zur Ausstellung gab es den Ausstellungsführer Entartete „Kunst" für 30 Pfennige zu erwerben. Dieses Heft besaß 32 Seiten und beinhaltete Ausschnitte aus der Rede Hitlers, die er bei der Eröffnungsfeier der ersten „Großen Deutschen Kunstausstellung" hielt. Einige, der in München auf den Wänden geschriebenen diskriminierenden Botschaften von Adolf Hitler, fanden ihren Weg in den Ausstellungsführer, sowie zahlreiche Abbildungen vieler Werke von den Künstlern, die in der Ausstellung vertreten waren. Die Plastik „Der neue Mensch" des jüdischen Künstlers Otto Freundlich war auf der Titelseite des Heftes zu sehen. Indem man das Wort „Kunst" in roter, krakeliger Handschrift geschrieben und es auch noch in Anführungszeichen gesetzt wurde, sollte dem Leser suggeriert werden, dass die Nationalsozialisten das Ausstellungsmaterial als entartet betrachteten, sie es aber auf keinen Fall für Kunst hielten!

Kunstbolschewismus am Ende

Auszug aus der Rede des Führers zur Eröffnung des Hauses der Deutschen Kunst in München, 18. Juli 1937. Ausstellungsführer Entartete „Kunst" Seite 26 & 28.

„[...] Die heutige neue Zeit arbeitet an einem neuen Menschentyp. Ungeheure Anstrengungen werden auf unzähligen Gebieten des Lebens vollbracht, um das Volk zu heben, um unsere Männer, Knaben und Jünglinge, die Mädchen und Frauen gesünder und damit kraftvoller und schöner zu gestalten. Und aus dieser Kraft und aus dieser Schönheit strömen ein neues Lebensgefühl, eine neue Lebensfreude. Niemals war die Menschheit im Aussehen und in ihrer Empfindung der Antike näher als heute. Sport-, Wett- und Kampfspiele stählen Millionen jugendlicher Körper und zeigen sie uns nun steigend in einer Form und Verfassung, wie sie vielleicht tausend Jahre lang nicht gesehen, ja kaum geahnt worden sind. Ein leuchtend schöner Menschentyp wächst heran, der nach höchster Arbeitsleistung dem schönen alten Spruch huldigt. Saure Wochen, aber frohe Feste. Dieser Menschentyp, den wir erst im vergangenen Jahr in den Olympischen Spielen in seiner strahlenden, stolzen körperlichen Kraft und Gesundheit vor der ganzen Welt in Erscheinung treten sahen, dieser Menschentyp meine Herren prähistorischen Kunststotterern, ist der Typ der neuen Zeit. Und was fabrizieren Sie? Mißgestaltete Krüppel und Kretins, Frauen, die nur abscheuerregend wirken können, Männer, die Tieren näher sind als Menschen, Kinder, die, wenn sie so leben würden, geradezu als Fluch Gottes empfunden werden müßten. Und das wagen diese grausamsten Dilettanten unserer heutigen Mitwelt als die Kunst unserer Zeit vorzustellen, d. h. als den Ausdruck dessen, was die heutige Zeit gestaltet und ihr den Stempel aufprägt [...]"

Bis Ende November 1937, sahen drei Millionen Menschen die Ausstellung Entartete „Kunst"

Die Falknerin

Ein Brief von der Falknerin

Die Falknerin
Hans Makart 1840–1884
Öl auf Leinwand
106,3 x 79,8 cm

Liebe Mademoiselle Valland,

eines möchte ich von vornherein klarstellen. Ich bin keine Hure,
ich bin die Falknerin!

Bitte entschuldigen Sie meinen harschen Ton, aber ich muss jetzt mal dringend etwas loswerden! Ich bin dermaßen aufgeregt, dass ich gar nicht weiß, wo ich anfangen soll! In meinem Kopf wirbelt alles durcheinander und ich kann kaum einen klaren Gedanken fassen. Ich werde jetzt erst einmal tief durchatmen. So, jetzt ist es schon etwas besser. Wo fange ich am besten mit meinem Brief an Sie an? Ich glaube, das Beste wäre ganz von vorne, aber wo ist das in meiner Geschichte, die ich Ihnen schreiben möchte? Vielleicht schon mal vorab, meine Freundin Mona hat mir Ihre Adresse anvertraut. Sie wissen schon, die Mona aus dem Louvre. Sie hat mir erzählt, dass Sie mir vielleicht helfen könnten, jedoch, wer kann mir schon helfen? Nein, ich gebe nicht auf! Wo war ich noch mal stehen geblieben? Ach ja, die Mona. Der haben Sie ja auch zur Flucht verholfen. Zu mir, glaube ich, kommt niemand mehr. Ich bin irgendwo mitten im Wald untergebracht. Ich höre die Vögel trällern und ab und an auch Madame Göring, wenn Sie an ihrem Klavier sitzt. Wenn Sie mich fragen, die Frau singt grauenvoll! Ihr Mann ist unmusikalisch bis in die Zehenspitzen, aber das hilft mir jetzt auch nicht weiter. Am besten, ich fange jetzt wirklich von vorne an.

Hans Makart war mein großer Schöpfer! Er wohnte in Salzburg und war ein bedeutender Maler und Dekorationskünstler. Er war sogar so bedeutend, dass er auf Geheiß von Kaiser Franz Joseph I., nach Wien berufen wurde. Der Kaiser stellte ihm ein eigenes Atelier zur Verfügung, doch mein Hans wollte mehr! Ja, so war er, der Hans, da musste schnell ein größeres Atelier her, in dem er arbeiten und gleichzeitig wohnen konnte. Dieses Atelier war ein Traum. Es war mit viel Pomp und Plüsch, schweren Wandteppichen und ausgefallener Dekoration eingerichtet. Immerhin war Hans auch Dekorationskünstler und musste seinen Besuchern zeigen, was gerade en vogue war. In dem Atelier fanden berauschende, üppige Feste statt, an denen berühmte Persönlichkeiten teilnahmen. Wer nicht bei Hans feiern war, der war auch nichts! So einfach ist das. Sogar Kaiserin Elisabeth stattete ihm einen Besuch ab.

Hans liebte die Inszenierung. Er schneiderte für sich und seine Modelle die außergewöhnlichsten Kostüme aus Samt, Damast, Brokat, Spitze und Stickereien. Je üppiger, desto besser! Die „Kostümfeste der Kunst", wie er sie nannte, wurden im Stil der Rubenszeit gefeiert, ganz Wien sprach darüber. Am Abend eines jeden Festes standen die Schaulustigen und Neugierigen reihenweise auf der Gußhausstraße 25, um einen Blick auf die geladenen Gäste und ihre Kostüme zu erhaschen, die sich ihren Weg durch die Menschenmenge in Hans´ Atelier bahnten. Doch nicht nur die Gäste waren prunkvoll ausgestattet, auch die Räumlichkeiten und die Bediensteten sowie die Musikanten. Ach, die Musikanten, sie spielten ununterbrochen zum Tanz auf, und Hans, der leidenschaftlicher Tänzer war, tanzte bis zum frühen Morgengrauen. Er war ein verschwenderischer Gastgeber, das Geld war ihm gleichgültig. Er liebte das Leben und die Wiener liebten ihn.

Jeden Tag, zwischen vier und fünf Uhr nachmittags war sein Atelier für die Öffentlichkeit zugänglich. Sie können sich gar nicht vorstellen, liebe Mademoiselle Valland, was da los war! Hans genoss es, wenn die Menschen ihm beim Malen über die Schulter schauten und ihn und seine Kunst lobten. Alles schien perfekt. Doch dann heiratete er die ehemalige Primaballerina Bertha Linda. Von da an ging es bergab mit ihm. Ich sag nur syphilitische Gehirnhautentzündung ... Hans starb und meine Reise begann. Ich zog von einem Haus in das andere, von einer Galerie in die nächste und irgendwann landete ich auf Schloss Vöslau. Ich fühlte mich dort richtig wohl, was sich gut nachvollziehen lässt, da meine Erscheinung einfach in ein Schloss gehört, oder? Mein Besitzer, Moritz von Gutmann, österreichischer Großindustrieller und ein Mensch mit vielen schöngeistigen Interessen, war ein stattlicher, gutaussehender Mann. Ich hatte ihn in mein Herz geschlossen und ich glaube, er mich auch in seins. Leider verstarb er 1934, was mich sehr niedergeschlagen stimmte. Nach seinem Tod interessierte sich niemand mehr für mich, und so wurde ich im Dezember 1937 an die Firma Neumann und Salzer in Wien weitergereicht. Diese verkaufte mich an die Galerie Haberstock in Berlin. Ganz ehrlich, Mademoiselle Valland, ich war deprimiert. Ich hatte keine Lust mehr, hin und her transportiert zu werden. Eines Morgens, ich glaube, es war der 9. Januar 1938, kamen zwei Offiziere in die Galerie Haberstock. Sie blieben vor mir stehen, zeigten auf mich und verhandelten mit dem Galeristen. Als ich die Summe hörte, für die sie mich erstanden hatten, wäre ich beinahe aus meinem Rahmen gefallen. 13 400 Reichsmark! Das Geschäft wurde schnell abgeschlossen, da ging meine Reise weiter in die nächste Wohnung. Meine neue Adresse lautete: Reichskanzlei in Berlin. Das klang doch ganz ordentlich. Gespannt wartete ich auf meinen neuen Besitzer. Ich hing schon an der Wand und träumte gerade von einem gutaussehenden, großen, schlanken Mann mit dunklen Haaren, da wurde die Tür geöffnet, und herein kam ein kleiner Wicht mit Schnäuzer, wenn man das Ding unter seiner Nase überhaupt als einen solchen bezeichnen konnte. Er marschierte im Stechschritt und mit verschränkten Armen auf dem Rücken auf mich zu und beäugte mich von allen Seiten, was mir zum ersten Mal in meinem Leben sehr unangenehm war. Der Mann hatte durchdringende, stechende, dunkle Augen. Nach der Begutachtung hörte ich ihn „sehr gut, sehr gut" sagen, dann war er auch schon wieder verschwunden. Was war das denn für einer? Von da an fristete ich ein langweiliges Dasein. Niemand kam in den Raum, um mich zu betrachten. Das machte alles keinen Sinn, oder?

Eines Morgens wurde die Tür aufgestoßen und zwei Frauen betraten den Raum. Sofort fingen sie an, an mir herum zu feudeln. Mein Rahmen wurde gesäubert und ich von oben bis unten mit einem Wedel abgestaubt. Ich mag das Gefühl, wenn die Federn über meinen Körper streicheln, das kitzelt so herrlich! Anschließend wurde eine große Decke hereingebracht, dann wurde es dunkel um mich herum.

Mein Transport war, wie so häufig, unangenehm. Irgendjemand schleppte mich laut stöhnend irgendwo hin. Ich wurde auf eine

Staffelei gestellt, dann wurde es wieder still. Es dauerte ziemlich lange, da vernahm ich Geräusche. Teller, die klapperten, Gläser die leise klirrten. Es roch auf einmal nach Essen, Musik drang durch die Decke zu mir ans Ohr. Der Geräuschpegel schwoll an. Ich hörte Menschen, die sich unterhielten, Frauen, die laut lachten, auch Kinderstimmen konnte ich ausmachen. Dann hielt jemand eine Rede. Ich glaubte, die Stimme jenes kleinen Mannes wiederzuerkennen, der mich intensiv begutachtet hatte. Plötzlich wurde es still. Ein Trommelwirbel ertönte und ich spürte, wie ich vorsichtig von der Staffelei gehoben wurde. Mit einem Ruck wurde die Decke von mir entfernt.

Liebe Mademoiselle Valland, was ich dann erblickte, ließ mich beinahe laut auflachen. Vor mir stand der kleine Mann mit dem Schnäuzer, daneben ein dicker Kerl in Uniform. Noch unterschiedlicher hätten die beiden Männer gar nicht sein können! Der Dicke grinste mich debil an und hatte fast Freudentränen in den Augen. „Und, gefällt es Ihnen, mein lieber Göring?", hörte ich den kleinen Mann den Dicken fragen. „Außerordentlich, das ist wirklich ein ganz wunderbares Geschenk", antwortete dieser ehrfurchtsvoll. Nach einem kleinen Moment des Schweigens stimmten die Gäste ein Geburtstagslied an, danach wurde ein Toast auf das Geburtstagskind ausgesprochen. Anschließend kamen die Gäste näher, um mich zu betrachten. Da waren endlich mal wieder richtig gutaussehende Männer dabei! Ich hatte schon gedacht, die wären aus. Nachdem auch der letzte Gast mich begutachtet hatte, spielte die Musik und man gab sich anderen Dingen hin. Ich wurde wieder zugedeckt und wahrscheinlich in irgendeine Abstellkammer gebracht. C'est la vie!

Am nächsten Tag wieder diese Transportgeschichte. Rumpeldipumpel, das wollte gar nicht mehr aufhören! Als man mich aus dem Wagen hob und die Decke beiseiteschob, sah ich, dass ich irgendwo mitten in einem Wald war. Das Haus, in das ich gebracht wurde, war recht hübsch. An den Wänden hingen wertvolle Gemälde, Skulpturen standen an einem Treppenaufgang. Kostbare Teppiche lagen auf dem Boden und dämpften die Schritte meiner Träger. Ich kam mir vor wie in einem Museum. Doch wer baut ein Museum mitten im Wald? Am Ende des Ganges wartete eine große, blonde, stattliche Frau auf uns. „Bitte hier entlang", gab sie die Order und wir durchschritten einen großen Saal. Auch hier hingen unzählige Bilder an den Wänden. Die Decken waren mit großen Holzbalken abgestützt und ein großer Kronleuchter schmückte den Raum. Geweihe hingen an den Wänden, und ein totes Wildschwein glotzte mich an. „Sollen wir es hier in den großen Salon hängen, Frau Göring?", fragte einer der Offiziere. „Nein, um Gottes Willen!", entfuhr es der Frau. „Das ist der Empfangssaal meines Mannes. Außerdem ist das Bild eher für mich gedacht. Bitte bringen Sie es in den Musiksalon, aber passen Sie gut auf, dass nichts passiert!"

Liebe Mademoiselle Valland, so kam ich also in den Musiksalon von Frau Göring. Im Laufe der Zeit belauschte ich viele Gespräche und fand heraus, dass sie eine Schauspielerin war, jedoch mangelte es ihr an musikalischen Qualitäten. Außerdem haben die Görings für mich einen an der Waffel, oder kennen Sie vielleicht jemanden, der sich einen Löwen als Haustier hält? Ja, Sie haben schon ganz richtig verstanden. Ich habe bei Hans schon viel erlebt, aber ein Löwe als Hauskatze, wie bei den Görings, das ist doch unglaublich, oder? Das Tier rannte den ganzen Tag frei herum. Wenn Besuch vorbeikam, wurde der Löwe stolz präsentiert. Als Frau Göring ihre Tochter Edda gebar, habe ich mich gefragt, ob sie gar keine Angst davor hatte, dass der Löwe vielleicht ihre Tochter fressen könnte? Total verrückt, wenn Sie mich fragen! Die Görings hatten, soweit ich das mitbekommen habe, mehrere Orte, an denen sie wohnten. Carinhall, so heißt das Anwesen hier, war nur eines von vielen. Das erklärte auch, warum die Görings nicht allzu oft vor Ort waren. Wenn ich mal wieder so mutterseelenallein mein Dasein fristete, träumte ich häufig von Hans, meinem Schöpfer, und den wilden Festen in seinem Atelier. Feste gab es hier auch, aber die waren dermaßen langweilig im Vergleich zu denen von Hans. Häufig kamen hohe Staatsgäste zu Besuch, oder Göring lud zur Jagd ein. Voller Stolz präsentierte er: Sein Haus, seine Frau, sein Kind, den Löwen und seine Kunstsammlung, mich miteingeschlossen.

Irgendwann bemerkte ich, dass das Ehepaar sich immer öfter in Carinhall aufhielt, und dass immer häufiger Besprechungen auf dem Anwesen stattfanden. Der kleine Kerl mit dem Schnäuzer, ich weiß jetzt, dass er Adolf Hitler heißt, war häufig zu Gast auf Carinhall. Wenn jemand vergessen hatte, die Tür zum Arbeitszimmer von Hermann Göring zu schließen, konnte ich die Herrschaften gut belauschen. Einmal hat Göring auch von Ihnen erzählt, Mademoiselle Valland, und zwar ging es um Bilder aus dem Museum Jeu de Paume, die Göring mit seinem Privatzug von Paris nach Deutschland transportieren wollte. Sozusagen Nachschub für seine private Sammlung auf Carinhall. Er hat von Ihnen leider nicht so freundlich geredet. Einmal hat er erwähnt, dass es vielleicht besser wäre, Sie verschwinden zu lassen, was auch immer das zu bedeuten hat.

Der Krieg war das allumfassende Thema und das schon über einen längeren Zeitraum. Mulmig wurde es mir erst, als ich hörte, wie Göring eines Tages seinen Offizieren von Hitlers „Nero-Befehl" erzählte, und dass auch er dazu bereit wäre, Carinhall in die Luft zu sprengen, damit es nicht den Feinden in die Hände fällt. Ich konnte die Anspannung in der Stimme von Hermann Göring heraushören und machte mir große Sorgen, was wohl weiter mit mir passieren würde ...

Daher meine Bitte an Sie, liebe Mademoiselle Valland. Könnten Sie es wohl veranlassen, dass man mich aus diesem Haus holt, bevor hier alles in die Luft fliegt? Kennen Sie zufällig irgendwelche Menschen, die den Mut aufbringen könnten, mich aus Carinhall zu retten?

In stiller Hoffnung, Ihre Falknerin

Adolf Hitler und Hermann Göring
in der Berliner Wohnung Görings 1938

Hermann Göring und das Jeu de Paume Museum

Hermann Göring war ein besessener Kunstsammler. Schon recht früh zeigte er Interesse an den schönen Dingen der Kunst und begann in kleinem Umfang, diese zu sammeln. Durch seine Karriere im Nationalsozialismus und das daraus resultierende hohe Einkommen, begann er, im größeren Stile Kunsteinkäufe zu tätigen. Dadurch wiederum wurde der nationale und internationale Kunsthandel auf ihn aufmerksam und er bekam ständig neue Angebote. Görings Interesse galt den deutsch-niederländischen Malern des 17. Jahrhunderts und später den französischen Malern des 18. und 19. Jahrhunderts, sowie die klassische italienische Kunst. Für seinen Lieblingsmaler Lucas Cranach wollte er eine ganze Sammlung aufbauen. Hermann Göring bekleidete viele Ämter. Er war Reichsmarschall, Reichspräsident,

71

Präsident des Preußischen Staatsrates, Sonderbeauftragter des Führers für den Vierjahresplan, Vorsitzender des Reichsverteidigungsrates, Preußischer Ministerpräsident und Innenminister, Oberbefehlshaber der Deutschen Luftwaffe, Vorsitzender des Reichsforschungsrates, Reichsforstmeister ... Somit ist es nicht verwunderlich, dass Göring all seine Ämter nutzen konnte, um an die Kunst zu gelangen. Bei vielen Veranstaltungen, Besuchen und privaten Feiern wurden ihm Geschenke in Form von Kunst überreicht, so auch *Die Falknerin* von Hans Makart, die er von Adolf Hitler zu seinem 45. Geburtstag geschenkt bekommen hatte. Göring wollte seine immer größer werdende Kunstsammlung prunkvoll präsentieren. Dazu wurde der Waldhof Carinhall, dieser war benannt nach seiner ersten verstorbenen Frau Carin Göring, luxuriös umgebaut. Hermann Göring verfügte über acht Wohnsitze, jedoch in Carinhall empfing er die hohen Staatsgäste, daher wurde es zu seinem „Regierungssitz". Das Anwesen lag nur ca. 65 km von Berlin entfernt und war daher schnell mit dem Auto zu erreichen. Nach Abschluss seines Umbaus im Jahre 1940 standen dem Reichsmarschall zur Verfügung: Das Musikzimmer mit einer Fläche von 154 m², die Bibliothek 315 m², der große Speisesaal 411 m², der Festsaal und die große Halle jeweils 288 m². Somit hatte Hermann Göring jetzt genug Platz, um seine Kunstsammlung den Gästen würdevoll zu präsentieren. Doch Carinhall hatte noch mehr zu bieten! Einen eigenen Luftschutzbunker, eine Telefonzentrale, einen Tennisplatz, eine Schießanlage, sowie mehrere Bootshäuser am angrenzenden Großdöllner See. Auf dem Dachboden befand sich eine riesige elektrische Modelleisenbahn, die Göring voller Stolz seinen Besuchern präsentierte. Im Gegensatz zu Adolf Hitler, der mit seinem Museum in Linz die Kunst seinem Gesamtbild eines Großen Deutschen Reichs unterordnete, sammelte Göring hingegen Kunst zu seinem Privatvergnügen. Zwar erklärte er feierlich, dass er nach seinem Tode die Sammlung dem deutschen Volke übergeben wolle, und er die „Norddeutsche Galerie" in der Schorfheide als Dependance zum Führermuseum in Linz plane, jedoch dazu ist es nie gekommen. Ohne

Hilfe hätte es Göring nie geschafft, seine immer größer werdende Kunstsammlung aufzubauen, daher hatte er eine regelrechte Organisation, die ihn bei dieser Tätigkeit unterstützte. Walter Andreas Hofer, Berliner Kunsthändler und Verwalter von Görings Kunstsammlung, genoss Görings vollstes Vertrauen. Josef Angerer, unabhängiger Kunsthändler, war spezialisiert auf Gobelins, Teppiche, Textilien, Skulpturen und Glas. Walter Bornheim, Inhaber der Galerie für alte Kunst in München, war ein gern gesehener Gast, auch bei privaten Feiern von Hermann Göring in Carinhall. Dr. Kajetan Mühlmann informierte Göring über Kunstgegenstände in den besetzten Gebieten. Dr. Bruno Lohse, Kunsthändler, Kunstagent und stellvertretender Direktor des ERR, bekam die Aufgabe zugeteilt, Hermann Göring in das Jeu de Paume Museum nach Paris zu begleiten, um ihn vor Ort zu beraten. Lohse wurde, durch das Intervenieren von Göring, Mitglied des ERR-Kunststabes, damit dieser den französischen Kunstmarkt beobachten konnte, um vor Ort für Göhring Kunstgegenstände zu kaufen. Lohse bereitete im Jeu de Paume Museum Ausstellungen vor, die Göring später besuchte. Eine weitere wichtige Person in Görings Kunststab war Gustav Rochlitz, ehemaliger Galerist aus Berlin, der sich in Paris niederließ, um in Zusammenarbeit mit Bruno Lohse den Kunstmarkt in Frankreich zu kontrollieren und auch Tauschgeschäfte zu organisieren. Dr. Hermann Bunjes, ehemaliger Mitarbeiter des Kunstschutzes in Frankreich, war Görings Verbindungsmann zur französischen Regierung, zum Minister für Bildung. Es gab noch ein paar weitere Vertrauenspersonen in Görings Kunststab, jeden hier zu erwähnen, würde den Rahmen sprengen.

Durch das gezielte Einsetzen seines Kunststabs wurde der französische Kunstmarkt von Göring perfekt kontrolliert. Der ERR, der Einsatzstab Reichsleiter Rosenberg, hatte im Jeu de Paume Museum die Aufgabe, unter der Leitung von Kurt von Behr, die konfiszierten Kunstwerke von jüdischen Privatpersonen, Galeristen und Sammlern zu kategorisieren und zu katalogisieren, um sie anschließend für die Weiterfahrt nach

Deutschland vorzubereiten. Diese waren für das „Führermuseum in Linz" vorgesehen, oder für Adolf Hitler persönlich. Durch den Führervorbehalt nahm Hitler sich das Recht heraus, nach Beschlagnahmung von Vermögensgegenständen, die Entscheidung über die Verwendung persönlich zu treffen. Hermann Göring wiederum wurde von Hitler beauftragt, den ERR zu unterstützen. Der Reichsmarschall erließ eine provisorische Bestimmung, dass Kunstgegenstände als Erstes natürlich dem Führer vorbehalten sind und als Zweites zur Vervollständigung der Sammlung des Reichsmarschalls dienen sollen. In regelmäßigen Abständen wurden nun Kunstausstellungen für Hermann Göring im Jeu de Paume Museum zusammengestellt. Er fuhr mit einem seiner Sonderzüge, Göring besaß vier davon, nach Paris und besuchte die Ausstellungen, die nur für ihn arrangiert worden waren. Nach seiner persönlichen Auswahl ließ er die ausgesuchten Gemälde und Kunstgegenstände unverzüglich zu seinem Zug bringen, und dieser setzte sich sofort Richtung Berlin in Bewegung. Von dort aus wurde Görings Auslese nach Carinhall gebracht.

An folgenden Terminen war Hermann Göring im Jeu de Paume Museum, um sich an der Kunst von vertriebenen oder getöteten jüdischen Menschen zu bereichern.

2. und 4. November 1940, 5. Februar 1941, 3., 11. und 14. März 1941, 7. April 1941, 1. und 3. Mai 1941, 9. Juli 1941, 13. und 15. August 1941, 2., 3. und 4. Dezember 1941, 25. Februar 1942, 4. März 1942, 10. März 1942, 15. Mai 1942, 3. Juni 1942, 24. und 27. November 1942.

Eine einzige französische Mitarbeiterin aus dem Jeu de Paume Museum, die die Nationalsozialisten duldeten, war Rose Valland, die sich mehr oder weniger um die Hausmeistertätigkeiten kümmern sollte. Diese jedoch spionierte vier Jahre lang den deutschen Besatzern hinterher und machte sich fleißig Notizen in ihrem Tagebuch, welches nach der Befreiung von Paris entscheidend dazu beitrug, die geraubten Kunstwerke der Nationalsozialisten aufzuspüren. Lassen wir Rose Valland berichten, was sie erlebte, als Görings Besuche im Jeu de Paume Museum anstanden, wo sie vor der Besatzungszeit als Kuratorin gearbeitet hatte.

„So wurde ein großer Besuch erwartet, der des Reichsmarschalls Göring selbst. Die konfiszierten Gemälde der israelitischen Sammlungen sollten ihm wie eine wirkliche Ausstellung allein präsentiert werden. Der Stab und die Luftwaffe gerieten in Panik [...] Der fieberhafte Rhythmus, der die Ruhe des Jeu de Paume erschüttert hatte, beinhaltete alle Aktivitäten. Die Ausstellung sollte für den nächsten Tag bereit sein (2. November 1940).“ (Rose Valland – Le front de l'Art, 2014, Seite 82)

„Die zwei Stockwerke des Museums waren für den großen Tag geschmückt, die Wände des Jeu de Paume waren mit Gemälden bedeckt, kostbare Teppiche waren auf allen Parkettböden verteilt, und die unschätzbaren Sammlungen von Baron Édouard de Rothschild standen im Rampenlicht.“ (Rose Valland – Le front de l'art, 2014, Seite 82)

„In Zivil, mit langem Mantel und kaputtem Hut über der Stirn, alles andere als erwartet, trat er in Begleitung seines Kunstexperten Walter Andreas Hofer vom Einsatzstab und der Luftwaffe, auf. Die Offiziere in ihren Uniformen betonten auf seltsame Weise die schwere, bürgerliche Silhouette des Besuchers, den sie eskortierten.

Göring sah sich alle Bilder, eines nach dem anderen an und interessierte sich für jedes einzelne. Der Krieg und sein Reichtum machten ihm einige der berühmtesten Gemälde von Rembrandt, Teniers, Vermeer, Renoir oder Gauguin zum Opfer. Eine solche Versammlung war nur für ihn alleine gemacht worden!

Es ist wahrscheinlich, dass die Geschichte des ERR und die der beschlagnahmten Kunstwerke anders verlaufen wäre, wenn diese erste Ausstellung den Reichsmarschall nicht geblendet hätte.

In seiner beharrlichen Suche nach einer Bereicherung der Sammlung, die er seit Beginn des Nationalsozialismus aufgebaut hatte, war Göring gerade auf eine einmalige Gelegenheit gestoßen und wollte sie nutzen. Er erschien mit einem vollen Gesicht, sehr gesprächig, rief die Verdienste seiner Lieblingsbilder zu feiern, diskutierte mit den Experten um ihn herum und nahm die Bilder in die Hand, um sie als echter Kenner zu studieren." (Rose Valland – Le front de l'art, 2014, Seite 85.)

„Göring [...] hatte vom Führer nicht nur die Erlaubnis erhalten, die bekannten Sammlungen zu untersuchen, sondern auch das Verfügungsrecht anerkannt bekommen [...] So blieb Alfred Rosenberg administrativ der ERR-Chef, jedoch die wirksame Autorität liegt jetzt beim Reichsmarschall und seinen Vertretern." (Rose Valland – Le front de l'Art, 1997, Seite 61ff.)

Mit dem Näherrücken der Front zum Ende des Zweiten Weltkrieges wusste Göring, dass der Krieg verloren war. Ihm war bewusst, dass seine Sammlung in Carinhall durch Bombenangriffe und durch die erwarteten sowjetischen Bodentruppen in Gefahr war.

So veranlasste er, dass ein Teil der dort untergebrachten Kunstwerke, hauptsächlich Gemälde und Skulpturen, mit einem Sonderzug nach Burg Veldenstein, einem weiteren Wohnsitz Görings, gebracht wird. Zwei andere Sonderzüge, vollbeladen mit Kunstgegenständen, machten sich auf den direkten Weg nach Berchtesgaden. Auf Burg Veldenstein stellte sich schnell heraus, dass der Schutz zwar durch die dicken Mauern gegenüber Bombenangriffen gegeben war, auch die Kellerräume waren trocken, jedoch passten die großformatigen Gemälde und Skulpturen nicht durch die schmalen Gänge der Burganlage hinab in den schützenden Keller. Wieder wurden die Kunstgegenstände neu verpackt und in einen dafür bereitgestellten Sonderzug geladen. Diese Vorbereitungen für den Weitertransport dauerten zu lange, denn zu diesem Zeitpunkt flogen bereits feindliche Flugzeuge über das Land. Daher wurde der Zug zum Schutz in einen

Tunnel gebracht und fuhr, nachdem er komplett beladen war, Richtung Berchtesgaden, wo die anderen Sonderzüge Görings, beladen mit den restlichen Kunstgegenständen aus Carinhall, auf ihre Weiterfahrt warteten. Wegen eines Disputs zwischen Adolf Hitler und Hermann Göring, es ging hierbei um Verrat an den Führer, wurde Hermann Göring am 24. April 1945 durch die SS festgenommen. Nach seiner Verhaftung hatte er keinen Einfluss mehr auf die Sonderzüge, die seine Kunstsammlung beinhalteten. Am 30. April 1945 hatte Hitler Selbstmord begangen, am 4. Mai 1945 eroberten amerikanische Truppen Berchtesgaden. Am 7. Mai 1945 begab sich Hermann Göring selbst in amerikanische Gefangenschaft. Am 1. Oktober 1946 wurde er durch das Nürnberger Tribunal zum Tode durch den Strang verurteilt, jedoch am Vorabend seiner Hinrichtung, am 15. Oktober 1946, entzog er sich der Vollstreckung des Urteils durch die Einnahme einer Zyankali-Kapsel.

Hermann Göring trug eine beachtliche Sammlung für sein, in der Schorfheide geplantes Museum, die sogenannte „Norddeutsche Galerie", zusammen. Durch Raub, Erpressung, Ankäufe und Tauschgeschäfte in ganz Europa, wird sein Bestand vom DHM (Deutsches Historisches Museum), auf 4263 Werke beziffert.

Im Inventarverzeichnis Carinhall vom 1. 2. 1940, ist die *Falknerin* von Hans Makart (1840–1884) schriftlich aufgeführt mit dem Vermerk: Geschenk des Führers 1938. Handschriftlich steht daruntergeschrieben: 20.000

Am 27. April 1945 ist der Eingang im CCP (Central Collecting Point München) wie folgt dokumentiert:

Eingangsnummer (Arrival Number) 5436 Berchtesgaden G'7 91

Art des Gegenstandes: Bild Leinwand ohne Rahmen mittelgroß, Makart, Damenportrait mit Jagdkostüm (Die Falknerin)

Datum des Eingangs 27. 07. 1945

Zustand: Schmutzflecken unterer Rand, Druckstelle rechts oben u. l., Schramme links oben

(Bundesarchiv, B323/614)

Heute hängt *Die Falknerin* von Hans Makart in der Neuen Pinakothek in München.

Texttafel Carinhall

Venus und Amor

Ein Brief von Venus und Amor

Venus und Amor
Paris Bordone, um 1558/1559
Öl auf Leinwand
95 x 143 cm

Liebe Mademoiselle Valland,

ich schreibe Ihnen diese Zeilen, obwohl ich ganz genau weiß, dass es keine Rettung für mich geben wird, da ich beim Führer Adolf Hitler auf dem Berghof am Obersalzberg hänge. Genauer gesagt befinde ich mich in der großen Halle auf dem Berghof. An diesem Ort treffen sich internationale Diplomaten, Politiker, ranghohe Generäle und Offiziere, um den Führer des Deutschen Reichs einen Besuch abzustatten. Hier werden wichtige politische Dinge besprochen, die die Weltgeschichte verändern werden, und ich, die Venus von Bordone, bin mittendrin und muss mir das alles anhören. Doch vielleicht sollte ich lieber von vorne beginnen, damit Sie, sehr geehrte Mademoiselle Valland, besser verstehen können, warum ich mich an Sie gewandt habe.

Im Mai 1936 kam Adolf Hitler in die Berliner Galerie von Karl Haberstock, wo ich schon seit Längerem ein ruhiges Dasein fristete. Bis zu diesem Zeitpunkt war ich sehr zufrieden mit meinem Leben, da alles in ruhigen Bahnen verlief. Die Besucherinnen und Besucher der Galerie bestaunten mich jeden Tag aufs Neue, jedoch keiner von ihnen konnte die immens hohe Summe aufbringen, mich käuflich zu erwerben. Natürlich gefalle ich den Männern mehr als den Frauen. Mein nackter Anblick lässt die meisten Frauen erröten, die Männer jedoch schauen genauer hin. So soll es ja auch sein! Der kleine Amor zu meiner Rechten kann mir in puncto Aussehen nicht das Wasser reichen. Mein Erschaffer, der italienische Renaissance-Maler Paris Bordone, war ein Schüler Tizians und einer der wichtigsten Vertreter der venezianischen Malerei. Er war ein sehr begabter Maler, ganz Venedig lag ihm zu Füßen. Seine Gemälde stehen für Sinnlichkeit und Poesie. Sein Umgang mit den Farben ist virtuos, seine allegorischen Darstellungen und mythologischen Szenen sind erotisch aufgeladen. Man sagt, dass Bordones Aktdarstellungen eine verführerische Wirkung auf das männliche Geschlecht ausüben und das Blut eines jeden Mannes in Wallungen versetzen! Da muss „Mann" einfach stehen bleiben und ganz genau hinsehen! Jedoch ohne Geld, keine Venus mit Amor.

An dem Tag, als Adolf Hitler in die Galerie kam und mich das erste Mal sah, war er ganz ergriffen von meinem erotischen Antlitz und wollte mich unbedingt besitzen. Als ich den kleinen Mann mit dem Schnäuzer und dem Seitenscheitel sah, hätte ich im Traum nicht daran gedacht, dass er derjenige sein würde, der es sich leisten konnte, mich käuflich zu erwerben. Nach einer kurzen Absprache mit dem Galeriebesitzer Karl Haberstock kaufte Hitler mich für sagenhafte 65 000 Reichsmark. Ich wurde verpackt und machte mich auf die Reise in das schöne Berchtesgadener Land. Während des Transportes hing ich meinen Gedanken nach. „An welcher Stelle in meinem neuen Zuhause würde wohl mein Platz sein? Vielleicht im Wohnzimmer über einem Kamin, damit mich jeder Besucher sofort sehen und dem Hitler stolz berichten konnte, was für ein Vermögen er für mich und meine Schönheit ausgegeben hatte?" „Nein", dachte ich bei mir, „das macht er bestimmt nicht. Im Esszimmer kommt eine Aktdarstellung eher nicht in Frage, obwohl ..." Ich verwarf den Gedanken wieder. Für mich kristallisierte sich immer mehr heraus, dass Hitler mich garantiert in seinem Schlafzimmer aufhängen wird, und zwar direkt über seinem Bett. Damit würde ich nur ihm allein gehören und vielleicht seiner Frau, wenn es überhaupt eine in seinem Leben gibt. Wahrscheinlich hat der unscheinbar aussehende Mann mit Namen Hitler viele Gespielinnen, und es wird hoch her gehen, habe ich doch gehört, dass ich auf einen Berghof kommen werde. Vielleicht ist das ja sein Liebesnest, und es werden sexuelle Orgien stattfinden! Mir gefiel der Gedanke, über seinem Bett zu hängen, jetzt immer mehr, denn so konnte ich mir sein Sexualleben in aller Ruhe zu Gemüte führen. Das wird garantiert ein Riesenspaß! Ich fühlte mich bei diesen Gedanken augenblicklich wieder in das 16. Jahrhundert versetzt, wo ich Wollust und Begierde tagtäglich mit ansehen konnte. Herrlich! Bordone ließ auch nichts anbrennen, daher hatte ich schon viel gesehen und freute mich auf mein neues Zuhause. Hätte ich zu diesem Zeitpunkt gewusst, was mich wirklich auf dem Berghof erwartete, wäre ich lieber in der Berliner Galerie geblieben.

Das Erste, was ich sah, als man mich von meiner Verpackung auf dem Berghof befreite, war ein riesengroßes Panoramafenster. Bei dem Anblick der Berge, die ich hinter dem Fenster sehen konnte, war ich zu Tränen gerührt, so atemberaubend war der Ausblick. „Wer so etwas Schönes erbauen lässt, kann kein schlechter Mensch sein", dachte ich bei mir, doch das war ein fataler Irrtum.

In relativ kurzen Abständen kamen immer mehr Bilder in der großen Halle, dem repräsentativen Zentrum des Berghofes, an. Ein Bild, das Hitler noch mehr liebte als mich, war *Nanna* von Anselm Feuerbach. Im ersten Moment war ich ein wenig eifersüchtig auf *Nanna*, aber im Laufe der Zeit freundeten wir uns immer mehr an und wurden sozusagen beste Freundinnen. Eines Tages erzählte mir *Nanna*, dass Anselm Feuerbach einer der bedeutendsten Vertreter der Malerei des Deutschen Idealismus des 19. Jahrhunderts gewesen sei, und er sie 1862 in Rom erschaffen hatte. Ihr erster Besitzer war der Hausarzt von Anselm Feuerbach, der Medizinalrat Dr. Wolf aus Heidelberg. 1906 war *Nanna* sogar auf einer Jahrhundertausstellung und 1928 auf der Jubiläumsausstellung anlässlich des 100. Geburtstags von Anselm Feuerbach in München. Dort, so vermutete *Nanna*, hatte Hitler sie wohl gesehen und war ganz begeistert von ihr gewesen. Irgendwie sei sie dann, durch die Vermittlung eines Herrn Hoffmann, hier gelandet. *Nanna* ist wirklich schön, ich natürlich auch! Mich wunderte es nur, dass wir beide zum Berghof gekommen waren, da wir unterschiedlicher nicht hätten sein können. Ich, die Liebesgöttin war nackt, aufreizend und zu allen Schandtaten bereit. *Nanna* hingegen war bekleidet und wirkte, mit ihrer abgewandten Haltung, auf den Betrachter eher unnahbar. Wenn ich ganz ehrlich bin, finde ich sogar, dass sie einen etwas maskulinen Gesichtsausdruck hat. Vielleicht liegt das ja an ihrer großen Nase. Meine ist viel zierlicher. Das soll jetzt nicht böse gemeint sein, aber, na ja, Frauen untereinander halt. Man erzählte sich auf dem Berghof, dass Hitler seine Nichte Geli vergötterte, und dass *Nanna* und Geli sogar eine gewisse Ähnlichkeit miteinander hätten. Beide haben ein klassisches Profil und lange, schwarze Haare. Leider habe ich diese Geli nie kennengelernt, da sie Selbstmord begangen haben soll. Ab und an höre ich die Angestellten über Hitler und Geli reden. Er war sozusagen in seine Nichte verknallt! Diese wiederum wollte nichts von ihrem Onkel wissen. Er hat sie hier eingesperrt und Geli hat Selbstmord begangen. Was für eine merkwürdige Beziehung. Ich persönlich bin der Meinung, dass Hitler nicht gerade den blonden, blauäugigen, starken, großen, arischen, nordischen Mann repräsentiert, den er propagiert, denn wenn er mit diesen Attributen ausgestattet wäre, wäre ich garantiert schwach geworden. Hitler ist genau das Gegenteil des deutschen Idealbilds; klein, schmächtig, dunkelhaarig und die Augen sind alles andere, nur nicht blau. Da Macht und Geld bekanntlich sexy machen, hat Hitler wenigstens das zu bieten. Nun gut. Bei mir springt der Funke auf jeden Fall nicht über, aber die Frauen des Deutschen Reichs vergöttern ihren Hitler! Dieser wiederum hat natürlich eine Schwäche für die weibliche Schönheit, kriegt es aber irgendwie nicht hin. Ich würde mal sagen, total verklemmt.

Zurzeit turnt hier, im wahrsten Sinne des Wortes, eine Eva Braun durch den Berghof. Sie ist wohl Hitlers Geliebte. Im Gegensatz zu *Nanna* und Geli ist sie blond, blauäugig und hat eine sehr sportliche Figur. Leider hänge ich ja nicht im Schlafzimmer des Führers und kann mir daher kein Bild vom Sexualleben der beiden machen. Ich habe noch nie gesehen, wie die beiden sich geküsst haben, wenigstens nicht in der großen Halle. Das ist auch wieder so eine merkwürdige Beziehung. Fakt ist jedoch, wenn Hitler nicht auf dem Berghof ist, dann geht hier die Post ab! Die Eva lädt sich häufig Gäste ein, und dann wird hier kräftig gefeiert, und zwar mit Alkohol und Zigaretten. Wenn das der Führer wüsste, dann würde Eva garantiert Ärger kriegen! Aber sie ist ja eine schlaue Frau und wartet daher ab, bis ihr Liebster wieder durch sein Deutsches Reich reisen muss. Noch etwas ist mir bei Eva Braun aufgefallen. Die Frau wechselt bis zu sieben Mal am Tag ihre Garderobe! Die Bediensteten tuscheln miteinander, dass das Fräulein Braun zwar nicht viel zu tun habe, aber ein interessantes Archiv besäße. Dieses umfasst mehrere Ordner, in denen sie fein säuberlich jedes ihrer Kleidungsstücke archiviert. So zum Beispiel wurde der Mantel x in Berlin gekauft, das Paar Schuhe y aus Mailand kostete so und so viel, oder das florale Kleid aus Florenz musste von der Schneiderin geändert werden. Wenn Sie mich fragen, eine recht unnütze Arbeit, aber immerhin ein Zeitvertreib. Eva Braun ist eine gepflegte und elegante Erscheinung. Ich frage mich nur, wer ihr all das finanziert? Ganz abgesehen von dem vielen Schmuck, den sie passend zu ihrer Garderobe trägt.

Der Tag auf dem Berghof beginnt immer erst sehr spät, da Hitler lange schläft und jeder darauf Rücksicht nehmen muss. Nach dem gemeinsamen Mittagessen geht man spazieren und plaudert anschließend am Kamin, bei *Nanna* und mir, in der großen Halle, über dies und das. Nach dem Abendessen zieht sich Hitler meist zu politischen und militärischen Beratungen zurück. Wenn er dann wieder auftaucht, wird meist gemeinsam ein Film geguckt, oder Hitler verfällt in einen seiner nicht enden wollenden Monologe. Ich habe dabei immer das Gefühl, dass er seine Gäste immens langweilt und *Nanna* und mich gleich mit. Wir machen dann leise Witze über sein Geschwafel und schneiden Grimassen. Ja, auch *Nanna* kann ganz schön albern sein. *Amor* gibt seinen Senf dazu, und so haben wir gemeinsam viel Spaß! Hitler kriegt das natürlich nicht mit. Es traut sich niemand ihn darauf aufmerksam zu machen, wie öde sein Gerede ist. Ich würde sagen: „Mensch Hitler, merkst du denn gar nicht, dass du die Leute mit deinem unendlichen Geschwafel langweilst?", doch mich fragt ja leider keiner. Im Sommer findet viel auf der großen Terrasse statt, die hinter dem versenkbaren Panoramafenster liegt. Das Ritual bleibt aber dasselbe; die Besucher und Besucherinnen treffen sich zwanglos auf der Terrasse, die Damen nehmen meist in den korbgeflochtenen Liegestühlen Platz und sonnen sich, die Herren unterhalten sich über die politische Lage Deutschlands. Es werden Getränke serviert, von Sekt bis Fruchtsäfte ist alles dabei. Die Stimmung ändert sich jedoch schlagartig, kurz bevor Hitler auftaucht. Dann wird nur noch gedämpft gesprochen und das laute Gelächter verstummt, der weitere Verlauf, siehe oben. Übrigens läuft hier noch ein Schäferhund mit Namen „Blondi" herum. Was ist das bitte schön für ein Name für einen Schäferhund? Bello, Karl, Rex oder was auch immer, aber Blondi? Und noch etwas ist mir aufgefallen. Sobald wichtige Staatsgäste auf dem Berghof auftauchen und es sich um politische und militärische Besprechungen handelt, muss Eva Braun auf ihr Zimmer gehen. Sie hat dann sozusagen „Stubenarrest" und darf sich nicht mehr blicken lassen. Das sind doch ganz optimale Voraussetzungen für eine Ehe! *Nanna* und ich jedoch kriegen in der großen Halle jeden offiziellen Empfang mit, der kleine Amor natürlich auch. Präsidenten, Kardinäle, Schauspieler, Künstler, Minister, Adelige, wir sind dabei, Eva nicht. Etwas anderes ist es, wenn Freunde wie die Goebbels mit ihren sechs Kindern zu Besuch kommen, oder Familie Speer, Bormann, Heß und wie die sonst noch alle heißen. Dann ist in der großen Halle ein richtiges Familientreffen angesagt und Hitler und Eva sind mittendrin. Eva filmt auf Teufel komm raus jede noch so kleine Feier. Wenn sie nicht filmt, dann fotografiert sie alles und jeden. Natürlich nur nach Absprache mit ihrem Führer. Das Fräulein Eva besitzt übrigens mehrere Kameras und einen Filmapparat mit auswechselbaren Objektiven. Wer ihr das wohl wieder finanziert hat? *Nanna* und ich müssen uns häufig zusammenreißen, um nicht laut loszulachen, wenn Hitler seine Geliebte Evchen oder Tschapperl nennt und dabei seinen Dackelblick aufsetzt. Sie nennt ihn „du mein Führer." Ganz schön schräg, oder?

Eines Tages wurde ein Gemälde von Giovanni Paolo Pannini, „Römische Ruinenlandschaft" in der großen Halle aufgehängt, und zwar genau zwischen *Nanna* und mir. Es kommt übrigens häufiger vor, dass wir unsere Plätze wechseln müssen, je nachdem, ob ein neues Bild geliefert wird oder Hitler einen Wunsch nach Veränderung äußert. Auf jeden Fall dauerte es eine Weile, bis wir Kontakt zu den Personen in dem Bild aufnehmen konnten. Eines Abends, als schon alle schlafen gegangen waren und es ganz still auf dem Berghof wurde, erzählten uns die Menschen aus der Ruinenlandschaft eine traurige Geschichte. Ihr ehemaliger Besitzer war der jüdische Kunst- und Antiquitätenhändler Jakob Oppenheimer. Sie hatten eine friedliche und angenehme Zeit in seinem Geschäft verbracht, jedoch aufgrund der jüdischen Verfolgungen durch die Nationalsozialisten, sprich Hitler, musste Oppenheimer Deutschland fluchtartig verlassen. Er wollte versuchen, sich nach Frankreich durchzuschlagen, um dort ein neues Leben anzufangen. Seine Gemälde, Möbel und Antiquitäten wurden von den Nazis konfisziert und zu Schleuderpreisen in Berlin versteigert. So gelang das Gemälde auf Umwegen zu uns auf den Berghof. Die Menschen der Ruinenlandschaft machten sich große Sorgen um Oppenheimer, da sie nicht wussten, was mit ihm geschehen war. *Nanna* und ich glaubten zu wissen, welches Schicksal Oppenheimer zugestoßen sein könnte, denn wir hatten in der großen Halle schon viele Besprechungen von Hitler belauscht. Bei einer ging es, soweit ich mich erinnern kann, um eine Konferenz, die in Berlin am Wannsee stattfinden sollte. Inhalt dieses Treffens sollte ausschließlich die Endlösung der Judenfrage sein. *Nanna* und ich konnten gar nicht glauben, worüber sich die Männer in den Uniformen mit Hitler unterhielten. Sie sprachen von der Auslöschung von Millionen von Menschen, die nichts anderes getan hatten, außer Juden zu sein. Die Vernichtung sollte durch Konzentrationslager, Erschießungskommandos, Hinrichtungen und andere schreckliche Taten vonstattengehen. Nachdem die Eckpunkte für die Konferenz besprochen waren, ging Hitler einen Film gucken, seine SS-Offiziere wurden nach Berlin zu diesem See geschickt und *Nanna* und ich waren unendlich traurig.

So vergingen Tage, Monate, Jahre. Hitler regierte sein Deutsches Reich, Eva Braun verbrachte den größten Teil ihres Lebens auf dem Berghof mit Warten auf ihren Geliebten, und *Nanna, Amor* und ich hätten, wenn wir dazu fähig gewesen wären, das politische Geschehen, welches wir uns so häufig anhören mussten, gerne verändert. Doch das war natürlich unmöglich. Nach ein paar Jahren änderte sich die Atmosphäre auf dem Berghof. Hitler war jetzt immer häufiger am Obersalzberg zugegen und regierte den größten Teil seines Deutschen Reiches von hier aus. Die Besuche verschiedener Generäle und Offiziere in der großen Halle nahmen zu. *Nanna* und ich waren der einstimmigen Meinung, dass Hitler ziemlich mitgenommen aussah. Auch blieb uns nicht verborgen, dass seine rechte Hand merkwürdig zitterte. Wenn Besuch zugegen war, versuchte er diese krankhafte Erscheinung zu verstecken, indem er die Hand auf den Rücken legte, oder sie mit der anderen Hand festhielt. Hitler schien zu schwächeln. Eines Tages kam Generalmarschall Göring zu Besuch auf den Berghof. Seine Anwesenheit ist hier eher selten, da er und das Fräulein Braun nicht gerade die besten Freunde sind. Hitler und Göring unterhielten sich über Sie, Mademoiselle Valland. Es ging um den Transport von unglaublich vielen Bildern und Skulpturen, die mit Görings Privatzug aus Paris in das Deutsche Reich gebracht werden sollten. Göring war wohl schon häufiger in Ihrem Museum mit dem Namen Jeu de Paume, wenn ich ihn richtig verstanden habe. Die französische Sprache ist nicht gerade meine Stärke. Er hat sich über Sie bei Adolf Hitler beschwert. Sie seien eine verstaubte, graue Museumsmaus, die man nach getaner Arbeit dringend „entsorgen" müsste, da Sie zu viel hinter den Deutschen hinterher spionieren. Liebe Mademoiselle Valland, Sie sind angezählt! Bitte seien Sie vorsichtig. Ein weiterer Name, der häufig erwähnt wird, ist der von Reichsleiter Alfred Rosenberg. Vor dem müssen Sie sich unbedingt in Acht nehmen, der Mann ist gefährlich! Hitler will in Linz sein Führermuseum bauen und benötigt dafür unzählige Gemälde und Skulpturen, die er sich aus ganz Europa zusammenklaut, nicht nur aus Paris. Ich weiß von den vielen Gesprächen, die ich belauscht habe, dass ganze Kunstsammlungen von jüdischen Privatpersonen und Galeristen einfach konfisziert werden. Viele Juden, die auf der Flucht vor den Nazis sind, müssen häufig schweren Herzens ihre kostbaren Gemälde zurücklassen. Manche in Not geratene Menschen geben ihre Bilder bei dubiosen Galeristen, hier fiel häufiger der Name Hildebrand Gurlitt, in Zahlung. Dieser Gurlitt kauft die Bilder für wenig Geld ein und verkauft sie dann weiter an den Führer. Ganz miese Geschäfte sind das, Mademoiselle Valland! Neulich ist ein Bild zu uns auf den Berghof gekommen, welches über ein Auktionshaus mit Namen Fischer in der Schweiz verkauft wurde. Dieses hat mir und *Nanna* erzählt, dass es als „entartete Kunst" gehandelt wird und somit niemand mehr haben möchte. Von wegen! Der Handel mit der „entarteten Kunst" füttert die Kriegsmaschinerie. Jede Reichsmark zählt! Hitler lässt seine Kunstschätze an verschiedenen Orten deponieren. In diesem Zusammenhang fielen die Namen vom Führerhauptquartier, der Wolfsschanze in Görlitz, der Reichskanzlei in Berlin in der Wilhelmstrasse 77, Hitlers Privatwohnung in München am Prinzregentenplatz 16, sowie vom Berghof in Berchtesgaden. Auch wird über ein Salzbergwerk, mit Namen Altaussee in Österreich, geredet, dass es, wenn der Feind näher rücken sollte, das optimale Depot für Hitlers Kunst sein wird. Liebe Mademoiselle Valland, wenn es zu einem Krieg in Deutschland kommen sollte, sehe ich für *Nanna*, *Amor* und mich, und natürlich auch für die anderen Bilder auf dem Obersalzberg, keine Rettung mehr. Zwar gibt es hier einen unterirdischen Tunnel mitten im Berg, sowie eine Nebelmaschine, die bei einem eventuellen Angriff die Sicht auf den Berghof vernebeln soll, aber was hilft das alles, wenn der Feind sich in den Kopf gesetzt hat, Hitlers Reich komplett zu zerstören?

Daher möchte ich Sie von ganzem Herzen bitten: „Retten Sie die Kunst! Wir sind Zeitgeschichte. Wenn man uns vernichtet, sind wir unwiederbringlich verloren."

Ihre Venus von Bordone

Fotoalbum Eva Braun.-Venus und Amor,
Große Halle, Berghof

Aquarell von Hitler

Adolf Hitler, der Künstler

Den wenigsten Menschen ist bekannt, dass Adolf Hitler ein produktiver Künstler war. Der Umfang seiner Werke ist schwer zu beziffern, da viele Fälschungen im Umlauf sind. Hitler malte Aquarelle und Ölbilder. Er fertigte Skizzen mit Bleistift und Tusche an und entwarf Architekturskizzen für seine Monumentalbauten.

In der Grundschule war Hitler ein aufgeweckter, lebhafter und offenbar begabter Schüler, jedoch sein Hang zur Bequemlichkeit, sein störrisches Temperament, sowie seine Ablehnung gegenüber geregelter Arbeit beeinträchtigten seine Leistungen stark. In der Grundschule noch ein recht guter Schüler, änderte sich dies schnell, als er auf die Realschule nach Linz kam. Einzig in den Fächern Kunst, Turnen und Benehmen erhielt Hitler auf der Realschule ein Befriedigend. Seine Faulheit und mangelnde Motivation standen seinen Leistungen im Wege. Zwei Jahre nach dem Tod seines Vaters Alois Hitler bestand er zwar die Abschlussprüfung nach Wiederholungsprüfung, jedoch man legte ihm nahe, die Linzer Realschule zu verlassen. Seine Mutter Klara startete einen letzten Versuch und meldete ihren Sohn auf einer Realschule in Steyr an, doch auch dort waren seine Leistungen ungenügend und er musste die Schule verlassen. Die Mutter kapitulierte. Von diesem Zeitpunkt an führte Hitler ein Leben als Schmarotzer. Versorgt von der Mutter schlief er bis in den frühen Mittag, spazierte tagsüber durch Linz oder vertrieb sich seine Zeit mit Lesen und Zeichnen. Mit Vorliebe zeichnete er Landschaften, Gebäude und Portraits. Für ihn stand fest, er wollte ein großer Künstler werden! Mit seinem Freund August Kubizek ging Hitler regelmäßig in die Oper. Mit großer Leidenschaft hörte er Richard Wagner. Im Mai 1906 reiste Hitler zum ersten Mal nach Wien. Dort angekommen war er von der Architektur der Stadt überwältigt, insbesondre von der Pracht der Ringstraße, der Wiener Staatsoper, der Hofburg oder des Burgtheaters. Begeistert fuhr er nach Hause und zeichnete eigene monumentale Bauten. Für seinen Freund August Kubizek entwarf er eine Villa, die Hitler seinem Freund später bauen wollte. Bereits ein Jahr später, im Herbst 1907, bewarb sich Hitler um die Aufnahme an die Wiener Kunstakademie der Bildenden Künste. Da das Niveau der Kunstakademie sehr hoch und die Prüfungskriterien äußerst streng waren, fiel er durch die Aufnahmeprüfung. Doch er ließ sich nicht einschüchtern und bewarb sich im folgenden Jahr aufs Neue. Wieder wurde er abgelehnt. Was für eine Enttäuschung! Doch Hitler glaubte an seine künstlerischen Fähigkeiten und blieb vorerst in Wien. Dort widmete er sich ganz und gar der Architekturzeichnung. Er malte

Häuser, Straßenszenen, Kirchen und öffentliche Gebäude. Dabei kopierte er häufig bekannte Stadtansichten. Um sich seinen Lebensunterhalt zu verdienen, verkaufte er seine Bilder auf den Straßen von Wien oder in Bilder- und Rahmengeschäften. Hitler, der ein großer Freund von Wagner Opern war, zeichnete zu seinem privaten Vergnügen Bühnenentwürfe und Kostüme. Tradition spielte für ihn eine große Rolle, daher widmete er sich ganz und gar der klassischen Europäischen Schule. Die moderne Kunst hingegen verabscheute er. Als im Winter 1907 seine Mutter Klara an Brustkrebs verstarb, teilte er das Erbe sowie die amtliche Waisenrente mit seiner Schwester Paula. Mit dem Geld konnte Hitler eine Zeitlang in Wien leben, bis er schließlich 1909, mittellos, das Obdachlosenheim Meidling am Rande von Wien aufsuchen musste. In der Spalte des Anmeldeformulars trug er als Beruf Kunstmaler ein.

Im Jahre 1913 ging Hitler nach München. Dort verdiente er sich weiterhin seinen Lebensunterhalt als Maler. Es entstanden Aquarelle von typischen Münchner Sehenswürdigkeiten, wie vom Viktualienmarkt, dem Marienplatz mit Blick auf das Alte Rathaus, von der Johanneskirche und dem Asamhaus, vom Sendlinger Tor, der Theatinerkirche, dem Odeonsplatz mit der Feldherrnhalle, vom Hoftheater u.v.m. Strategisch günstig malte er Bilder vom Standesamt hinter der Peterskirche und verkaufte diese an die Neuvermählten. Mit dieser Einnahmequelle sowie mit einigen Auftragsarbeiten konnte er sich recht gut in München über Wasser halten.

Im Ersten Weltkrieg zeichnete Hitler für die „Schützengrabenzeitung" Karikaturen, Landschaften, Porträts sowie Skizzen von der Front waren seine künstlerischen Themen. Meist handelte es sich um Bleistiftzeichnungen oder Aquarelle. Dabei entwickelte er seinen ganz eigenen Malstil. Nach dem Krieg wandte Hitler sich der Politik zu. Im Mai 1920 skizzierte er fünf Runenzeichen mit Bleistift auf Papier. Darunter steht in seiner Handschrift geschrieben: *„Die heiligen Zeichen der Germanen. Eines die-*

ser Zeichen sollte von uns wieder erhoben werden." Im September des gleichen Jahres entstanden mehrere Hakenkreuzentwürfe für die NSDAP, sowie „*Das Hoheitszeichen Adler mit Hakenkreuz in Silber. Für Amtswalter der Partei und alle langjährigen Angehörigen der Partei soll es in Gold verliehen werden.*"

(Billy F.Price, Adolf Hitler als Maler und Zeichner. Ein Werkkatalog der Ölgemälde, Aquarelle, Zeichnungen und Architekturskizzen, 1983, S. 201)

1922 fertigte er eine Skizze für die NSDAP Standarte mit genauen Größenangaben an. Während Hitlers Haftzeit in der Festung Landsberg am Lech, vom 1. April 1923 bis zum 20. Dezember 1924, entstanden mehrere Bilder, so unter anderem: „*Vase mit Mohnblumen*", oder „*Das Haus meines Freundes Hanfstaengl in Uffing*". Beide in Öl auf Pappe gemalt. Eine Bleistiftzeichnung auf Papier trägt den Titel „*Mein Bett in der Festung Landsberg*", eine weitere, „*Entwurf Buchtitel Mein Kampf*", enthält genaue Farbangaben. Im Jahre 1929 entstanden aus seiner Feder mehrere Plakatentwürfe für seine Wahlpropaganda, welche aber nie verwendet wurden. Auch wenn es kaum zu glauben ist, Hitler zeichnete neben Landschaften und Monumentalbauten, Hundeporträts, weibliche Akte, Frauenporträts und Blumenstillleben. Nach der Machtergreifung der Nationalsozialisten im Jahre 1933 wandte er sich von der Kunst ab und widmete sich der Architektur. Albert Speer, Hitlers Architekt, kommentierte seine Begabung wie folgt: „*Ohne zu ermüden, machte Hitler seine eigenen Skizzen, während wir unsere Pläne diskutierten. Er zeichnete schnell, akkurat in der Perspektive; Grundrisse, Querschnitte und Frontansichten stimmten in den Proportionen. Ein Architekt hätte es nicht besser machen können.*"

(Billy F.Price, Adolf Hitler als Maler und Zeichner. Ein Werkkatalog der Ölgemälde, Aquarelle, Zeichnungen und Architekturskizzen, 1983, S. 18)

Hitler skizzierte Entwürfe für die neue Oper in München, das Deutsche Stadion in Nürnberg, den Südbahnhof Berlin, die große Halle in Berlin oder die Halle der Partei in München. Und er entwarf weiters: den Grundriss für die Linzer Oper, den Grundriss für das Stadion in Linz, für das Haus der Deutschen Architektur, den Linzer Bibliotheksbau und natürlich immer wieder für das Deutsche Nationalmuseum in Linz. Auch im Möbeldesign versuchte er sich. So gibt es Skizzen von Möbelentwürfen für die Reichskanzlei, sogar für das Design eines Silberbestecks. Obwohl die Politik den größten Teil von Hitlers er Zeit in Anspruch nahm, gab er die Kunst nie ganz auf. Gelegentlich schenkte er Freunden, Verwandten oder Staatsbesuchern selbstgemalte Bilder, meist mit persönlicher Widmung. Nach dem Ausbruch des Zweiten Weltkriegs bis zu seinem Tod war Hitler kaum noch künstlerisch tätig.

Les bien juifs repris aux nazis

Ein Brief von einer nicht ganz unbekannten Dame

Der Kreis schließt sich

Liebe Mademoiselle Valland, ich schreibe Ihnen von ganzem Herzen, da ich weiß, dass der ganze Spuk nun endlich ein Ende hat. Über Jahre hinweg sind wir, ich spreche an dieser Stelle stellvertretend für alle Bilder in diesem Schloss, zu Tausenden, wie Vieh in einem Stall, zusammengepfercht worden. Wir sind kein Vieh und wir sind keine unbedeutende Ware, wir sind Kunstwerke! Verschiedene Künstler aus der ganzen Welt haben uns erschaffen. Sie standen vor einer weißen Leinwand mit ihren Pinseln und Farben. Sie haben ihrem Geist, ihrer Seele und ihrem Herzen vertraut und dadurch großartige Kunst erschaffen. Kunst, die beim Betrachter Gefühle hervorrufen. Wir wur-

95

den von den Künstlern an die Menschen weitergegeben, die sich in uns verliebt hatten. Wir haben die Wohnhäuser von Hunderten von Menschen geschmückt und wurden jeden Tag aufs Neue betrachtet. Unsere Besitzer waren stolz auf uns, liebten uns. Dann kam der Tag, an den sich wirklich jeder von uns erinnern kann. Der Tag, an dem sich alles in unserem Leben und dem unserer Eigentümer veränderte. Die Nazis, so haben wir hier in vielen gemeinsamen Gesprächen herausgefunden, haben uns unseren Besitzern gestohlen. Sie haben uns mit aller Macht und Brutalität von den Wänden gerissen. Wir mussten mit ansehen, wie Männer, Frauen und Kinder gedemütigt, geschlagen und verschleppt worden sind. Diese Erlebnisse haben sich in unsere Seelen eingebrannt. Wir alle fragen uns, was ist mit ihnen geschehen? Werden wir sie je wiedersehen? Mit jedem neuen Bild, welches im Schloss Einzug hielt, kamen uns neue, grausame Geschichten zu Ohren. Wir hörten von der Vernichtung von Millionen von Juden und uns wurde langsam bewusst, dass wir nie wieder in unser altes Zuhause zurückkehren würden. Wir trauerten gemeinsam um unsere Familien, denen unendlich viel Leid zugefügt worden war. Wir froren in dem kalten Gemäuer dieses Schlosses. Ein Teil von uns wurde krank vor Sehnsucht nach daheim. Ja, liebe Mademoiselle Valland, auch Bilder haben Gefühle, sind wir doch aus ihnen entstanden. Bilder sollten allen Menschen Freude machen. Wie kann es dann sein, dass ein gewisser Herr Hitler der Ansicht ist, er dürfte die ganze Freude der Welt für sich allein besitzen? Wir wussten von dem geplanten Führermuseum in Linz, welches wahrscheinlich unser Bestimmungsort gewesen wäre, wenn nicht die Amerikaner, die hier gerade herumlaufen, uns gerettet hätten. Sie, sehr verehrte Mademoiselle Valland, haben Sie auf unsere Spur gebracht, dafür sind wir Ihnen zu großem Dank verpflichtet. Sie hätten dabei sein sollen, als die Amerikaner uns das erste Mal gesehen haben. Keiner von ihnen brachte ein Wort heraus, als sie uns, die großen Kunstschätze der Welt, zusammengepfercht auf einem Haufen, zu tausenden, sahen. Sie wussten zwar, dass Hitler und natürlich auch Göring sich die Kunst aus der ganzen Welt zusammengestohlen haben, jedoch die Menge, die sie hier vorfanden, hat sie regelrecht sprachlos gemacht. Der Anführer der Gruppe, ein gewisser James Rorimer, ist ehrfurchtsvoll durch unsere Reihen geschritten. Ich konnte regelrecht spüren, dass dieser Mensch kein normaler Soldat war, sondern ein sehr großer Kunstliebhaber und Feingeist. Unsere Schönheit und unsere Anmut haben ihn schwer beeindruckt. Er ist wahrhaftig vor mir stehen geblieben und hat mich angesehen, wie es einst mein damaliger Besitzer jeden Tag getan hat. Von diesem Moment an wusste ich, wussten wir alle, dass sich etwas ändern würde. Die Frage, die uns am meisten beschäftigte, war, wo sind unsere Herrschaften? Leben sie noch? Geht es ihnen und ihrer Familie gut? Unsere Vermutungen gingen ehrlich gesagt in die andere Richtung, jedoch, die Hoffnung stirbt zuletzt.

Von den amerikanischen Soldaten haben wir gehört, dass die Nazis verschwunden sind. Doch wie können solche Menschen einfach verschwinden? Ich glaube eher, dass sie sich nur versteckt und in irgendwelche Löcher verkrochen haben. Sie warten ab, bis die Wogen sich wieder geglättet haben. Ich glaube, sie harren aus, und zwar mit viel Geduld, damit sie eines Tages wieder hervorgekrochen kommen und das ganze Spiel wieder von vorne beginnt. Das wird natürlich dauern, vielleicht Jahre, Jahrzehnte. Adolf Hitler soll Selbstmord gemacht haben. Das ist erst einmal gut so, jedoch hat er viele Menschen mit seinem fürchterlichen Hass gegen die Juden infiziert. Wir werden sehen.

Damit mein Brief an Sie, sehr geehrte Mademoiselle Valland, nicht ganz so trostlos endet, möchte ich Ihnen zum Schluss von einem schönen Moment berichten. Der Soldat mit dem Namen James Rorimer, den wir nur in den höchsten Tönen über Sie haben reden hören, hat mich für ein Pressefoto ausgewählt. Ich konnte meine Freude kaum in Worte fassen, denn immerhin lagern hier über 23 000 Bilder! So kam der Tag, an dem ich zusammen mit jeweils einem Bild von Jean Baptiste Siméon Chardin und Adriaen Brouwer, in den Händen von stolzen amerikanischen Soldaten, die Treppe von Schloss Neuschwanstein hinuntergetragen wurde. Die Männer lächelten in die Kamera mit Recht, wie ich finde. Hinter mir auf dem Foto, ein paar Treppen höher, stand James Rorimer. Er blickt etwas nachdenklich in die Kamera. Vielleicht dachte er ja gerade an Sie, Mademoiselle Valland, und Ihre Abenteuer, die Sie gemeinsam erlebt haben. Ich bin mir auf jeden Fall sicher, dass er weiß, dass er uns ohne Ihr Tagebuch nicht gefunden hätte. Vier lange Jahre haben Sie die Nazis in Ihrem Museum in Paris ausspioniert. Hätte man Sie dabei erwischt, man hätte Sie garantiert sofort erschossen. Ihr Mut und Ihre Hartnäckigkeit, liebe Mademoiselle Valland, sich jeden Tag aufs Neue, immer wieder, in die Höhle des Löwen zu begeben, hat dazu geführt, dass wir in Freiheit sind und die Welt uns wieder betrachten kann. Dafür möchte ich Ihnen, im Namen aller, von ganzen Herzen danken!

Wer ich bin? Das dritte Bild auf der Treppe von Schloss Neuschwanstein.

James Joseph Rorimer (1905–1966)

Monuments Man

James Joseph Rorimer wurde am 7. September 1905 in Cleveland, Ohio geboren. Seine Eltern waren Louis und Edith Rorimer. Ursprünglich war der Name des Ehepaares Rotheimer, jedoch aus Angst vor antisemitischen Anfeindungen, ließ der Vater den Familiennamen in Rorimer ändern. Schon recht früh trat James in die Fußstapfen seines Vaters Louis, der ein bekannter Künstler und Möbeldesigner war. Da er an zahlreichen Europareisen teilnehmen durfte, kam James schon recht früh mit den bedeutendsten öffentlichen Sammlungen der Welt in Kontakt. Während dieser Aufenthalte bekam er eine Fülle von Kunstkenntnissen vermittelt, welche ihn für sein späteres Leben prägen sollten. Im Jahre 1927 machte Rorimer seinen Abschluss in Harvard, und bereits 1929 wurde er zum Assistant Curator of Decorative Arts und 1932 zum Associate Curator des Metropolitan Museum of Art in New York City. Er war maßgeblich an der Entwicklung der mittelalterlichen Sammlungen des Museums sowie deren Erweiterung beteiligt. Durch die enge Zusammenarbeit mit John D. Rockefeller Jr., schenkte dieser dem Museum ein vier Hektar großes Grundstück im Fort Tryon Park im Norden Manhattans, wo *The Cloisters*, eine Außenstelle des Metropolitan Museums of Art, entstand und Rorimer Kurator für mittelalterliche Kunst wurde. Im Mai 1943 wurde er zur U.S. Army eingezogen. Als einer der ersten Monuments Men kam er Anfang 1944 zur Ausbildung nach England. Die Aufgabe der Männer und Frauen in der neu geschaffenen Sektion Monuments, Fine Arts and Archives (MFAA) bestand hauptsächlich darin, Schäden an europäischen Denkmälern und Architekturen, wie Kirchen, Schlösser oder Klöster, so gering wie möglich zu halten, sowie die Raubkunst der Nationalsozialisten aufzuspüren und sicherzustellen. Sie besaßen Landkarten, auf denen die wichtigsten Gebäude und Museen eingezeichnet waren. Diese Karten waren unter Anleitung der Museumsdirektoren und Berater erstellt und mit Fotos der Luftaufklärung verbunden worden. Die Spezialtruppe, die den Alliierten Armeen angegliedert war, bestand hauptsächlich aus amerikanischen und britischen Museumsdirektoren, Kuratoren und Kunsthistorikern. Im vereinten amerikanisch-britischen Civil-Affairs-Corp, dem Ausbildungszentrum der Monuments Men in Shrivenham, einem kleinen Dorf zwischen Bristol und London, fiel James Rorimer durch seinen Ehrgeiz und seine Hartnäckigkeit auf. Da er die deutsche Sprache unbedingt fließend sprechend wollte, nahm er an sechs Tagen in der Woche an einem Deutschkurs teil. Die französische Sprache beherrschte er bereits perfekt.

Nach langen Verzögerungen betrat Leutnant James Rorimer am 5. August 1944 in der Normandie französischen Boden. Er machte sich sofort an seine Arbeit, die Liste der zu schützenden Kulturgüter abzuarbeiten und bewegte sich dabei immer weiter in das Landesinnere. Utah Beach, Carentan, Cherbourg, La Haye-du-Puits, Valognes, Saint-Sauveur-le-Vicomte und Saint Lô.

Vor den Ruinen in Saint Lô trafen sich die Monuments Men, zum ersten Mal nach ihrer Ausbildung in Shrivenham, wieder. Jeder von ihnen war wochenlang durch zerstörte Städte und Schlachtfelder gezogen. Sie waren zum Teil im Feld isoliert gewesen und hatten keine Chance, Kontakt zum Hauptquartier aufzunehmen. Sie waren hungrig, schmutzig und erschöpft, jedoch glücklich, noch am Leben zu sein.

„Ich glaube, ich bin nie glücklicher gewesen. Ich arbeite von morgens bis abends und erhalte die bestmögliche Unterstützung durch meinen Oberst und seinem Stab. Ich habe nicht nur die nötigen Legitimationspapiere von den höheren Stellen, sondern die Tatsache, dass ich ein Sklave der Arbeit bin und eine Infanterie-Ausbildung habe, kommt mir jetzt voll zugute. Mein Französisch ist mittlerweile sehr flüssig, und ich kann alles tun, was ich tun wollte, seit der Krieg er-

klärt worden ist." (Brief von Rorimer, undatiert, Rorimer Papers, Archives of American Art)

Rorimer sowie die anderen Monuments Men arbeiteten autark. Jeder war für sich und seine Route selbst verantwortlich. Niemand gab ihnen Befehle, wie sie was zu erledigen hatten. Sie waren ganz auf sich allein gestellt, sei es auf dem Feld oder beim Beschaffen und Organisieren von Materialien, Gegenständen oder Autos, die sie für ihren Einsatz benötigten. Nach einem kurzen Abstecher nach Mont Saint-Michel, Rorimer war froh, dass dieses Monument keinerlei Schaden davongetragen hatte, begab er sich nach Paris, wo er nun für den Seine-Abschnitt, sprich ganz Paris, zuständig war. James Rorimer war genau dort angekommen, wo er hinwollte, im bedeutendsten Kunstzentrum der Welt. Er nahm Kontakt zu Jaques Jaujard, dem Direktor der Französischen Nationalmuseen, auf und vereinbarte einen Termin mit ihm. Bei diesem Treffen stellte dieser ihm seine Angestellte Rose Valland vor. Er erzählte Rorimer, dass Mademoiselle Valland im Museum Jeu de Paume, einer Außenstelle des Louvre, auch während der deutschen Besatzungszeit, als Angestellte für die französische Regierung gearbeitet hatte.

Beim nächsten Treffen der beiden Männer vertraut Jaujard dem Monuments Man an, dass Rose Valland vier Jahre lang Aufzeichnungen über die Kunstgegenstände gemacht habe, die das Jeu de Paume Museum verlassen hatten. In diesen Aufzeichnungen sei fein säuberlich jedes Bild mit Datum und Bestimmungsort in Deutschland verzeichnet worden. Jedoch vertraue Mademoiselle Valland niemandem, auch nicht der neuen Pariser Verwaltung, die nur sehr langsam wieder in Bewegung kam, ihre Aufzeichnungen an. James Rorimer war klar, dass er das Vertrauen dieser Frau gewinnen musste, um an die für ihn so wichtigen Unterlagen zu gelangen. Daher organisierte er so schnell wie möglich ein Treffen. Valland willigte ein und stellte Rorimer auf die Probe. Zusammen spürten sie mehrere Kunstdepots und Wohnhäuser der Nationalsozialisten in Paris auf.

Dort fanden sie wertvolle Kunstgegenstände, jedoch der große Wurf, den Rorimer erwartet hatte, blieb aus. Valland beobachtete den Monuments Man bei diesen Unternehmungen ganz genau. Sie studierte sein Verhalten. Rose allein würde entscheiden, wann der Tag gekommen sei, James Rorimer ihr Tagebuch anzuvertrauen. Im Dezember 1944 willigte sie einem privaten Treffen mit ihm ein. Sie wusste intuitiv, dass der Amerikaner genau die richtige Person war, der sie vertrauen konnte, jedoch stellte sie ihm an diesem Abend eine Bedingung. Valland verlangte von ihm, dass nur er ihre Informationen bekommen sollte, niemand anderer. Wenn sie ihm ihr Tagebuch mit den wichtigen Aufzeichnungen geben würde, dann dürfte nur er die darin enthaltenden Informationen lesen. Das bedeutete jedoch, dass er nicht in Paris bleiben könne, sondern sich nach Deutschland aufmachen müsste. Noch war nichts entschieden.

Im März 1945 wurde Rorimer Monuments-Offizier in der 7. US-Armee. Kurz danach lud Rose Valland ihn zu sich nach Hause ein. Sie zeigte ihm Fotos von Rosenberg, Lohse, von Behr und die übrigen Mitarbeiter des ERR (Einsatzstab Reichsleiter Rosenberg). Langsam öffnete sie sich dem Amerikaner und erzählte ihm nun Einzelheiten, die sie in den vier Jahren der Besatzungszeit im Jeu de Paume Museum erlebt hatte. Rose berichtete ihm von den Depots der Nationalsozialisten in Deutschland, mit dem Schwerpunkt Schloss Neuschwanstein in Bayern. Am Ende der Unterredung überreichte sie James ihr Tagebuch. Ende des Monats machte er sich auf den Weg nach Deutschland. Ihm war bewusst, dass Rose Valland garantiert einen Weg finden würde, ihm zu folgen.

Rorimer hatte von Rose Valland erfahren, dass es in Buxheim, in der Nähe von Memmingen, zwei weitere Depots des ERR geben sollte, welche als „Auffanglager" für die kostbaren Gemälde aus Füssen dienten. Eines davon war das Kartäuserkloster in Buxheim. Dort angekommen, wussten die amerikanischen Wachen eher wenig über 72 Verpackungskisten aus

Frankreich, die hier gelagert sein sollten. Daher stellte Rorimer selbst Nachforschungen an. Er läutete am Haupteingang des Klosters, und ein älterer Herr öffnete ihm. Max Scholz, amtierender Direktor des Klosters, brachte ihn zu Otto Lentner, dem Verwalter der Lagerstätte. Jedoch keiner der älteren Männer wollte mit dem Monuments Man über die Kisten, die sich irgendwo in diesem Kloster befinden mussten, reden. So machte Rorimer sich selbst auf die Suche. Die Gänge waren zum Teil mit Möbeln aus dem 18. Jahrhundert vollgestopft. In einem Raum, der Flüchtlingskindern als Schlafsaal diente, fand er edle Teppiche, Schmuck und mehrere Gemälde. Keines von den Kindern wusste um den Wert der Gegenstände, die kreuz und quer in ihrem Schlafsaal lagen oder ordentlich in Regalen untergebracht worden waren. Welch ein Chaos! Der Boden der großen Kapelle war mit Wandteppichen bedeckt, darunter fand Rorimer einige Rothschild-Textilien. Dann machte er eine weitere Entdeckung, die ihm fast den Atem nahm. Lentner, immer noch nicht der Gesprächigste, brachte ihn zu Martha Klein, einer Restauratorin aus Köln. Diese war beim Anblick des Amerikaners total verängstigt und wollte erst nicht mit ihm reden. Rorimer jedoch fing eine freundliche Konversation an. Damit war das Eis schnell gebrochen. Frau Klein zeigte ihm ihre Zweizimmerwohnung, in der sie mit ihren Kindern und ihrem Mann lebte. Als Rorimer diese betrat, konnte er nicht glauben, was er vor sich sah. In der kleinen Wohnung, in einem fürchterlichen Durcheinander, zwischen persönlichen Gegenständen, Kameras und Geräten zum Restaurieren, sah er genau das, wonach er gesucht hatte! Bilder von Vlaminck, Delacroix, Goya, Fragonard, Largillière, Renoirs, Rembrandt, um nur einige zu nennen. Er war auf das Haupt-Restaurierungszentrum des ERR gestoßen, unfassbar! Noch unfassbarer war jedoch, dass eigentlich Herr Klein für die Restaurierungen der Bilder zuständig gewesen wäre, Frau Klein ihm aber ab und zu behilflich war. James Rorimer bat um Einsicht in die Aufzeichnungen über die Gemälde, die zur Restaurierung nach Buxheim gebracht worden waren. Martha überreichte ihm zwei Aktenordner mit Listen aller Gemälde. 158 von ihnen befanden sich zurzeit noch in der Karthause. Rorimer ließ die Militärwache verstärken und alle Zivilisten, mit Ausnahme jener, die dort wohnten, aus dem Kloster entfernen. Das Wichtigste jedoch war, dass weder Herr noch Frau Klein die Gemälde jemals wieder berühren durfte!

James Rorimer setzte seine Fahrt nach Füssen zum Schloss Neuschwanstein fort. Dort angekommen erfuhr er von der örtlichen Militärregierung, dass das Schloss ohne Schwierigkeiten eingenommen werden konnte. Christoph Wiesend, der amtierende Oberaufseher der Bayrischen Schlösserverwaltung, fungierte als Führer durch das Schloss und zum allerersten Mal betrat James Rorimer das Schloss von Ludwig II. von Bayern. Er war gespannt, was er vorfinden würde. Nach vielem Treppensteigen und wunderschöner Aussicht, kam die kleine Gruppe, die Rorimer begleitete, in die zweite Etage des Schlosses. Dort holte einer der Wächter einen großen Schlüsselbund hervor, schloss die nächste Tür auf, und es ging weiter nach oben. Am Ende war ein Raum, der bis zur Decke mit Kisten vollgestapelt war. Unter Einhaltung der Sicherheitsvorkehrungen, die für einen Tresorraum angemessen waren, bewachten Wiesends Männer sämtliche Türen. Die Kisten, die vor Rorimer standen, waren mit dem verräterischen Schriftzug „ERR" und anderen Buchstaben und Zahlen versehen. Die Gruppe war jedoch noch nicht am Ziel angekommen. Es ging eine weitere Wendeltreppe hinauf, und eine weitere Tür wurde aufgeschlossen. Bis auf den Thronsaal und ein paar andere Räume, war der gesamte verfügbare Platz belegt. Überall standen Kunstwerke herum, die meisten davon waren mit Pariser Chiffren versehen. Die Räume waren mit Gemälden, seltenen Möbeln, Wandteppichen und anderen aus Frankreich beschlagnahmten Gegenständen gefüllt. Hinzu kamen 1 300 Gemälde, die von der Verwaltung der Bayerischen Schlösser hierhin gebracht worden waren. Sie stammten aus den Münchner Museen und der Münchner Residenz sowie aus den Privatsammlungen der königlich-bayrischen Familie

Wittelsbach und waren vor dem Krieg vom ERR im Schloss deponiert worden. In weiteren Räumen fand Rorimer Kunstbibliotheken von Pariser Sammlern, seltene Stiche, Zeichnungen und Gemälde. Er hatte keine Zeit, einzelne Kunstwerke zu betrachten, es waren einfach zu viele. Doch noch war die Führung nicht zu Ende. Wiesend brachte die Männer zu einer versteckten, dicken Stahltür, welche mit zwei Schlössern verschlossen war. Im Inneren befanden sich zwei große Truhen mit der weltberühmten Schmucksammlung der Rothschilds, seltene Manuskripte und Tausende Silbergegenstände aus der David-Weill-Sammlung und anderen Sammlungen. Rose Valland hatte Recht gehabt. Ihr Tagebuch hatte ihn an diesen Ort gebracht, wo der ERR einen großen Teil der Kunstschätze aus Frankreich deponiert hatte. Rorimer hoffte im Stillen auf die „Deutsche Ordentlichkeit", denn ohne Unterlagen, sprich Fotos, Kataloge oder Aufzeichnungen, würde es Jahre dauern, das Beutegut zu identifizieren. In einem weiteren Raum befand sich das Fotolabor des ERR. In mehreren Aktenschränken stapelten sich die Kataloge und Einzelnachweise der 203 Privatsammlungen aus Frankreich. Am nächsten Tag stieß Rorimer auf weitere 8 000 Negative und einzelne Inventarkarten für 21 309 registrierte Beschlagnahmungen. Diese Aufzeichnungen dokumentierten den NS-Raubzug des ERR. Auch hier veranlasste Rorimer strengste Sicherheitsvorkehrungen.

James Rorimer war maßgeblich an der Entdeckung von Kunstwerken in den Heilbronner und Kochendorfer Bergwerken beteiligt. Er spürte die Kunstsammlung von Hermann Göring in Berchtesgaden auf und, Dank des Tagebuchs von Rose Valland, entdeckte er das riesige Raubkunstlager im Schloss Neuschwanstein. Des Weiteren war er für die Einrichtung des Munich Collecting Point, der zentralen Sammelstelle für die von den Nazis geraubten Kunstwerke, verantwortlich. Im ehemaligen Führerbau und dem Verwaltungsgebäude wurden die Sammlung von Hermann Göring, die Beschlagnahmungen von Rosenberg und Hitler sowie andere Beutekunstwerke untergebracht.

Nach dem Krieg kehrte James Rorimer an das Metropolitan Museum of Art in New York City zurück, wo er seine Arbeit wieder aufnahm. Er wurde 1949 zum Direktor von The Cloisters und 1955 zum Direktor des Metropolitan Museum of Art befördert.

Brief von Rose Valland an James Rorimer, in dem sie ihm zu seiner Ernennung als Direktor des Metropolitan Museum of Art im Jahr 1955 gratuliert:

Lieber James,

ich habe mit einiger Verspätung von deiner glänzenden Ernennung erfahren. Erlaube mir, dir von ganzem Herzen zu gratulieren! Die Nachricht löst bei mir eine große Freude aus, nicht nur, weil sie dich betrifft, mein lieber „Captain", sondern auch, weil dir dieser Titel und diese Position zustehen. Ein bisschen Gerechtigkeit auf dieser Erde schadet niemanden. Und nun, mein lieber James, lass dich nicht zu sehr einschüchtern und sei immer meiner treuen und aufrichtigen Freundschaft versichert.

Rose Valland

(James, J.Rorimer, Monuments Man, The mission to save Vermeers, Rembrandts, da Vincis and more from the nazis'grasp, 2022, S.327)

Am 11. Mai 1966 starb James Rorimer völlig überraschend im Schlaf.

Rose Valland – Eine ganz besondere Frau

Am 1. November 1898 wurde Rosa Valland in Saint-Étienne-de-Saint Geoirs, einer kleinen Stadt in der Dauphiné Region in Frankreich, geboren. Ihre Eltern, Francoise Paul Valland und Rose Maria Valland, geborene Viardin, gaben ihrer Tochter den Namen Rosa Antonia Valland. Der Vater war Stellmacher und Schmied. Er verdiente den Unterhalt für die Familie. Rose Maria Valland kümmerte sich um den Haushalt und ihre Tochter Rosa, die ein Einzelkind bleiben sollte. Rosa ging in die öffentliche Grundschule. Dort wurde schnell sichtbar, dass sie

107

sehr begabt war und ein hohes Maß an Lernfähigkeit besaß. Sie nahm an einem Wettbewerb für ein Schulstipendium in Isère teil. Wer diesen Wettbewerb gewann, konnte seinen Abschluss am Collège im nahe gelegenen Dorf, in Côte-Saint-André, zu Ende bringen. Rosa nahm daran teil, gewann, durfte einige Klassen überspringen und ihren Schulabschluss in der „oberen Grundschule" absolvieren. In einer Zeit, in der höhere Bildung meist nur wohlhabenden Familien vorbehalten war, konnte Rosa ihre Ambitionen verwirklichen, ohne ihre Eltern damit finanziell zu belasten. Um das Zertifikat für das höhere Studium zu erlangen, erhielt sie ein weiteres Stipendium und so kam Rosa an die „École Normale d'institutrices de Grenoble", einer Bildungsanstalt für Lehrerinnen. Sie benötigte diesen Abschluss, damit sie ihrem größten Wunsch, dem Studium der Kunst, nachgehen konnte.

Am 2. Oktober 1918 schrieb sich Rosa Valland an der „École nationale supérieur des Beaux-arts" in Lyon ein, wo sie am 27. Mai 1919 ihr Studium begann. Ihre Liebe zum Zeichnen und Malen wurde von Professor Henri Focillon erkannt und gefördert. Im Jahre 1920 erhielt sie in den Kursen „Allgemeine Geschichte und Literatur" sowie „Natur" den ersten Preis. 1921 bekam Rosa Valland von der Gesellschaft zur Förderung von Kunst ein weiteres Stipendium für eine Studienreise. Um ihre Ausbildung als „bildende Künstlerin" zu vervollständigen, schrieb sie sich an der „École nationale supérieur des Beaux-Arts" in Paris ein. Bei einem Zeichenwettbewerb belegte sie den 6. Platz von mehr als 300 Teilnehmern. Rosa Valland hatte ihr Ziel vor Augen. Sie wollte Kunsthistorikerin werden. Daher studierte sie „Geschichte der Malerei" in der renommierten „École Louvre". Dort belegte sie die Kurse „Geschichte der modernen Kunst der mittelalterlichen Archäologie und der griechischen Kunst" am „Institut für Kunst und Archäologie" an der Sorbonne. Unterstützt von Professor Gabriel Millet, erhielt sie am 18. Januar 1932 die Note Sehr gut für ihre Dissertation zu dem Thema *Die großen evangelischen Fresken der Krypta von Aquileia.*

Im Februar 1932 erhielt Rosa Valland, sie war zu diesem Zeitpunkt 34 Jahre alt, eine Anstellung als ehrenamtliche Konservatorin im „Museum für zeitgenössische Schulen", dem Museum Jeu de Paume, im Tuileriengarten von Paris. Dort organisierte sie, in enger Zusammenarbeit mit dem Kurator André Dézarrois, Ausstellungen ausländischer Kunst. Weitere Arbeitsfelder waren das Verfassen von Ausstellungskatalogen, die Inventarisierung von Beständen, sowie verschiedene Verwaltungsaufgaben. Rosa arbeitete unermüdlich für die Kunst, und das ohne Bezahlung. Um ihren Lebensunterhalt zu finanzieren, unterrichtete sie Kunstgeschichte an einer anerkannten Schule für angewandte Kunst in Paris, bot Führungen an und schrieb Artikel für das Journal „La Dépêche Dauphinoise". In dieser Zeit beschloss sie, sich nicht mehr Rosa, sondern Rose Valland zu nennen. Ob es einen Zusammenhang mit dem Tod ihrer Mutter, die im selben Jahr verstarb, gab, ist nicht bekannt. Mit unermüdlichem Eifer ging Rose ihrer ehrenamtlichen Tätigkeit als Kuratorin im Jeu de Paume Museum nach. Sie organisierte in dieser Zeit viele Ausstellungen: Über zeitgenössische Schweizer Kunst von Hodler, chinesische Malerei, José Fioravanti, zeitgenössische belgische Kunst und italienische Kunst im 19. Und 20. Jahrhundert. *„Das Jeu de Paume Museum war in der Tat ein bekanntes Avantgarde-Museum und für die explosivsten, internationalen künstlerischen Veranstaltungen reserviert."* (Rose Valland – Le front de l'Art, 1997, S. 182)

Zu diesem Zeitpunkt lebte Rose Valland in einer Wohnung in der Rue de Navarre 4, im 5. Arrondissement in Paris.

Am 28. September 1938 teilte der stellvertretende Direktor des Nationalmuseums Louvre und der École Louvre, Jaques Jaujard, Rose Valland mit, dass aufgrund der Erkrankung des Kurators André Dézarrois, sie jetzt die Leitung des Jeu de Paume Museums übernehmen musste. Sie war für die Sicherheit der Sammlung und alle weiteren Maßnahmen, die das Museum betrafen, verantwortlich. Diese beinhalteten auch die Evakuierungsmaßnahmen der Museumssammlungen in Ausnahmefällen. Jacques

Jaujard, der schon mit der Ausgliederung der Prado-Sammlung während des spanischen Bürgerkrieges Erfahrungen hatte, beschäftigte sich seit einigen Monaten mit den Kriegsvorbereitungen im Bereich der Museen. *„Die für jedes Museum erstellten Evakuierungspläne wurden während dieser Zeit sorgfältig überarbeitet und abgeschlossen. Die Keller waren für angesammeltes Verpackungsmaterial reserviert. Die Kisten für den Transport blieben manchmal in den Ausstellungsräumen, wenn sie nicht woanders untergebracht werden konnten, da es offensichtlich war, dass sie bald unverzichtbar werden würden. So präsentierten sie sich bis August 1939 im Jeu de Paume Museum als Erwartung und Bedrohung.“* (Rose Valland – Le front de l'Art, 2014, S. 39).

Rose war bewusst, dass es nur noch eine Frage der Zeit sein würde, bis die deutschen Truppen Frankreich einnehmen würden. Sie war aktiv in den Vorbereitungen der Evakuierungen der französischen Kunst mit eingebunden, nicht nur im Jeu de Paume Museum, sondern auch im Louvre. Am 3. September 1939 erklärten Großbritannien und Frankreich dem Deutschen Reich den Krieg. Die Evakuierung der nationalen Sammlungen von Paris war ein einzigartiges Erlebnis. *„In Paris sollte das Verpacken vor Ort für Alle fast gleichzeitig erfolgen, um die Reise nach Chambord zu beschleunigen. Es wurden mehr als 4000 Kunstgegenstände mit Standardmaßen oder Sondermaßen verpackt. Professionelle Packer, die mehreren Pariser Firmen angehörten, verpackten die schwersten Teile, während Wächter und Attachés die Manöver aufmerksam verfolgten.“* (Rose Valland – Le front de l'Art, 2014, S. 42). *„Vom 27. August bis 28. Dezember 1939 verkehrten 37 Konvois mit jeweils fünf bis acht Lastwagen auf der engen und bereits verstopften Straße, die von Orléans nach Chambord führte.“* (Rose Valland – Le front de l'Art, 2014, S. 40).

Aus Furcht vor Bombardierungen und Plünderungen übernahm das Château Chambord eine entscheidende Rolle zum Schutz der französischen Meisterwerke, da es als Hauptdepot und zentrale Sortierstelle ausgewählt worden war. Mit der Kriegserklärung Frankreichs wurde das Schloss für die Öffentlichkeit geschlossen, und die Konservatoren und Wachen von Château

Chambord übernahmen die Überwachung der zwischengelagerten Werke. Auf dem Schloss gingen 5 446 Kisten ein, die zum größten Teil die Sammlungen des Louvre enthielten. Rose erinnert sich vor allem an einen besonders beeindruckenden Konvoi, dessen Bedeutung, wie sie es ausdrückte, die Geschichte des Volkes mit einbezieht: *„Einer von ihnen zeigte durch die Bekanntheit der Kunstwerke, die er transportierte, welche Angst mit so einer schweren Reise verbunden war. Es ist der neunundzwanzigste Konvoi, der am 3. Oktober 1939 die Venus von Milo, die Reliefs der Panathenäen, die Nike von Samothrake und den Sklaven von Michelangelo, aus Paris entfernte. Gut verpackt, gut abgesichert gegen alle Risiken. Ich glaube, dass diese Werke nicht besser geschützt werden konnten, als durch die Inbrunst von so vielen aufeinanderfolgenden Generationen."* (Rose Valland Le front de l'Art, 2014, S.40).

Bei diesem Transport kam es zu emotionalen Szenen, die sie wie folgt wahrnahm: *„Kisten mit rätselhaften Zahlen versteckten die bekannten Meisterwerke vor dem Publikum, und ließ diese mit ihren Sorgen zurück. Die Pariser wussten, was dieser Abschied voraussagte [...] Der vermutete Reichtum dieses Konvois verursachte so große Besorgnis, da jeder von ihnen ein besonders verletzliches Ziel war."* (Rose Valland – Le front de l'Art, 2014, S.42f).

Unzählig viele Menschen hatten mit angepackt, um die nationalen Sammlungen zu schützen, auch Rose Valland. Nachdem der letzte Konvoi im Château Chambord angekommen war, hieß es auch für sie, warten.

Eine lange Zeit verbrachte Rose im Château Valencay, um dort bei der Sicherstellung antiker Statuen zu helfen. Am 22. Juni 1940 wurde der Waffenstillstand zwischen dem Deutschen Reich und Frankreich unterzeichnet. Für Valland stellte sich die Frage nach ihrer Zukunft. Sollte sie in ihre Heimatstadt Saint-Étienne-de-Saint-Geoirs zurückkehren oder nach Paris fahren, um festzustellen, was mit dem Jeu de Paume Museum passieren würde? Natürlich entschied sie sich für die zweite Lösung und kehrte in die Hauptstadt zurück, die die Deutschen seit fünfzehn Tagen besetzt hatten. Sie notierte: *„Als ich nach Paris zurückkehrte, wa-*

ren es die ersten Tage im Juli 1940. Zu Beginn der deutschen Besatzung fragte ich mich, was ich in einem Museum tun könnte, dass seiner Tätigkeit beraubt worden war? Ich dachte, ich sollte mich an diese Dokumentationsarbeit halten, zu der wir in normalen Zeiten keine Zeit gehabt hatten." (Rose Valland – Le front de l'Art, 2014, S.81)
Rose Valland hatte nicht mitbekommen, wie am 14. Juni 1940 die Nazis in der Morgendämmerung in Paris einmarschiert waren. Bereits zu Mittag hatten die Nationalsozialisten die französische Nationalfahne durch die Hakenkreuzfahne am Eiffelturm und am Triumphbogen ausgetauscht. Ganz Paris hielt den Atem an.

Für die deutschen Besatzer gab es im Bereich der schönen Künste zwei unterschiedliche Bereiche. Der erste war der „Schutz des kulturellen Erbes" Frankreichs und der zweite betraf die „Sicherstellung jüdischer Sammlungen". Zwei mächtige Personen bemühten sich um diesen Reichtum, Otto Abetz und Alfred Rosenberg. Rosenberg war eine der fanatischsten Persönlichkeiten des Regimes. Die jüdischen Sammlungen stellten für ihn, neben einigen ausgewählten Kunstobjekten für Adolf Hitler und dessen Führermuseum in Linz, einen Warenbestand dar, der zur Finanzierung des antisemitischen Kampfes bestimmt war. Gegen ihn hatte Otto Abetz keine Chance, da Rosenberg Reichsmarschall Göring schnell von sich überzeugen konnte. Alfred Rosenberg wünschte sich für seine schnelle und effektive Arbeit Diskretion. Er verhandelte mit der Verwaltung der Nationalmuseen, damit sie ihm das Jeu de Paume Museum zur Verfügung stellen und er die jüdischen Sammlungen „sichern" konnte. Jacques Jaujard, Direktor der Nationalmuseen, stellte das Museum den Besatzern mitsamt eines französischen Teams zur Verfügung, und er schleuste Rose Valland als weitere französische Mitarbeiterin in das Museum ein. Sie sollte für ihn das Treiben der Deutschen beobachten und dokumentieren. Was die Nationalsozialisten dabei nicht wussten, war, dass Rose Valland und Jaques Jaujard für die Résistance arbeiteten. Rose Valland wurde dadurch zur Spionin für die Kunst.

Am 1. November 1940 zog der Einsatzstab Reichsleiter Rosenberg (ERR) in das Jeu de Paume Museum. Von dort aus sollten die erbeuteten Kunstwerke registriert und nach Deutschland gebracht werden. Zum Teil kam die Kunst aus mehreren Räumen des Louvre und aus der deutschen Botschaft. An diesem Tag wurde Rose Zeugin, wie mehr als 400 Kisten mit Kunstwerken, welche im Sommer 1940 von jüdischen Sammlungen konfisziert worden waren, in ihrem Museum Einzug hielten.

„Die Ankunft deutscher Lastwagen, beladen mit Kunstwerken, entweder aus dem Louvre oder der Botschaft mit militärischer Eskorte, veränderte sofort die Atmosphäre um mich herum. Räume und Büros wurden sofort bezogen. [...] Riesige Leinwände von Meistern gingen von Hand zu Hand, bis dass die Kette an einer Stützmauer endete. [...] In weniger als einem Tag wurden vierhundert Kisten geöffnet. [...]) Die Gemälde stapelten sich an den Wänden, ohne sie zu begutachten oder zu überprüfen." (Rose Valland – Le front de l'Art, 2014, S. 82).

Rose glaubte, ihre Arbeit sei nun, die vielen Gemälde zu inventarisieren, und fing mit ihrer Arbeit an. *„Ich habe trotz allem diese Inventur angefangen und war überrascht, dass kein deutscher Experte vereinbarungsgemäß mit mir arbeitete. [...] Ich ließ mich nieder, um festzuhalten, was ich sah. Die Soldaten schienen die Geschwindigkeit ihrer Bewegungen zu beschleunigen, ein wahres Fieber lag in der Atmosphäre und trieb alle Handlungen voran. Ich bemerkte schnell, dass ich allein an der Inventur interessiert war, niemand sonst, niemand war besorgt um mich. [...] Trotzdem habe ich weiterhin so vollständige und genaue Listen aufgestellt, um diesen Deutschen zu zeigen, dass auch eine Französin Anweisungen zu befolgen wusste, ohne an ihre Wirksamkeit zu glauben. [...]*

Die Arbeit, die ein Akt der Akrobatik um die Leinwände war, dauerte bis zum Mittag, als eine große Persönlichkeit in Uniform erschien, mit einem nervösen und unfreundlichen Gesicht. Er ging direkt auf mein Notizbuch mit der angefangenen Inventarliste zu und schloss es mit einer eindringlichen Geste. Es handelte sich um Dr. Bunjes [...], er hatte seine Idee geändert und war nicht mehr für die Inventur, die

Mr. Jaujard ihm vor zwei Tagen vorgeschlagen und Dr. Bunjes zu-
gestimmt hatte." (Rose Valland – Le front de l'Art, 2014, S. 83).

Dr. Bunjes war Kunsthistoriker und als Offizier für den Kunstschutz zuständig. Er veranlasste, dass das französische Team, das
den Deutschen von Jaques Jaujard für Hilfe und Schutz der Kunstwerke unterstellt worden war, brutal zurückgeschickt wurde. *„Ge-*
mäß den Vereinbarungen, die die Museumsleitung mit den Deutschen
getroffen hatte, waren einige meiner Kollegen gekommen, um mich zu
unterstützen. Sie bereiteten sich gerade auf die Übernahme vor, als
Dr. Bunjes kam und sie aufforderte, zu gehen und nicht wiederzukom-
men. Da ich für die Erhaltung des Museums zuständig war, hielt ich
mich nicht für die Zielperson dieses Befehls. Meine Absicht war klar:
Ich würde versuchen, zu bleiben. Mir war noch nicht ganz klar, warum
ich das tat und wie ich mich nützlich machen und meine Anwesenheit
rechtfertigen könnte, da es nicht mehr um das französische Inventar
ging. Nur meine Entschlossenheit, den Platz nicht zu verlassen, war
klar. Die Zustimmung meiner Vorgesetzten beseitigte die letzten Zwei-
fel, die ich an meinem Vorhaben hätte haben können. Aber wie soll es
mir unter all den Deutschen, Soldaten, Polizisten und Kunstexperten
ergehen, die sich in diesem Museum, in dem nichts gleichgültig war, wie
zu Hause fühlten?" (Rose Valland – Le front de l'Art, 2014, S. 83).

Rose jedoch durfte im Museum weiterarbeiten, da der Direktor des ERR, Oberst Baron von Behr am 1. November 1940
an sie appellierte und auf diese Weise ihre Anwesenheit legiti-
mierte. Es war dann schwer für Dr. Bunjes, sie aus dem Weg zu
räumen. *„[…] von Behr kam herein. Es war das erste Mal, dass ich*
ihn in voller Uniform gesehen hatte, er sah aus wie auf populären Bil-
dern, die den deutschen Krieger in seiner triumphalen Erscheinung
zeigten. Groß, hübsch, die Mütze, die das Gesicht verdeckte […]. Ihm
mangelte es nicht an Charme und er sprach gut Französisch. Da sie
noch immer in der Euphorie ihres Sieges waren, waren die Eroberer
gut darin, uns davon zu überzeugen, dass sie keine Wilden waren.
Aus einem weltlichen Gespräch, das folgte, entstand zweifellos die
Genehmigung, die mir dieser Kriegsherr gab, um mich in meinem al-
ten Museum zu behalten, das auch zu seinem Leben wurde." (Rose
Valland – Le front de l'Art, 2014, S. 84).

Rose Valland hatte Glück, denn von Behr war alles andere als ein zuvorkommender Mann. *„Am Abend dieses 1. November 1940 schlossen die Türen des Jeu de Paume Museums eine Welt, die bewaffnete Posten vier Jahre lang bewachten, um all denen den Eintritt zu verbieten, egal ob Franzosen oder Deutsche, die keinen von Oberst von Behr unterzeichneten ‚Ausweis‘ vorlegen konnten.“* (Rose Valland – Le front de l'Art, 2014, S. 84).

Während des gesamten Tages des 1. Novembers 1940 bemerkte Rose eine Fieberhaftigkeit, die sie faszinierte. Sie fand heraus, dass bereits am nächsten Tag Reichsmarschall Göring dem Jeu de Paume einen Besuch abstatten wollte. Das Personal arbeitete den ganzen Tag und die halbe Nacht. *„Es wurde ein großer Besuch erwartet, der des Reichsmarschalls Göring selbst. Die konfiszierten Gemälde der israelitischen Sammlungen sollten ihm allein, wie eine wirkliche Ausstellung, präsentiert werden. Der Stab und die Luftwaffe gerieten vor der Verantwortung in Panik. [...] Der fieberhafte Rhythmus, der die Ruhe des Jeu de Paume erschüttert hatte, beinhaltete alle Aktivitäten. Die Ausstellung sollte für den nächsten Tag bereitstehen.* (Rose Valland – Le front de l'Art, 2014, S.82). *„Die zwei Stockwerke des Museums waren für den großen Tag geschmückt, die Wände des Jeu de Paume waren mit Gemälden bedeckt, kostbare Teppiche waren auf allen Parkettböden verteilt und die unschätzbaren Sammlungen von Baron Édouard de Rothschild standen im Rampenlicht.“* (Rose Valland – Le front de l'Art, 2014, S.82).

Am 2. November 1940 erschien Reichsmarschall Göring, in Begleitung von seinem Kunstexperten Walter Andreas Hofer, im Jeu de Paume. Göring war ein fanatischer Kunstsammler. Für seine private Kunstsammlung war Andreas Hofer der wichtigste Beschaffer der Kunst. Er hatte Zugriff auf Devisen und konnte die Sonderzüge Görings zum Transport von Gemälden nutzen. Hofer reiste viel im Auftrag Görings. Sobald er etwas Lukratives für die private Sammlung des Reichsmarschalls gefunden hatte, setzte er ihn davon in Kenntnis. Eine weitere wichtige Person, die sich um Göring und seine Kunstsammlung kümmerte, war der Kunsthändler und Kunstexperte Bruno Lohse. Er war stellvertretender Direktor des ERR und ein wichtiger Kunstbeschaffer für Reichsmarschall Göring in Paris. Lohse hatte den Überblick über den gesamten Kunstmarkt in Paris und konnte die besten Angebote für Göring, auch außerhalb des ERR, ergattern. Lohse war maßgeblich für die Auswahl der Bilder und für die Ausstellungen im Jeu de Paume Museum verantwortlich. Im Gegensatz zu allen anderen Nationalsozialisten, bevorzugte Lohse elegante Dandy-Anzüge statt Uniform, was ihn aber nicht weniger gefährlich machte. *„Göring sah sich alle Gemälde nacheinander an und interessierte sich für jedes Einzelne. Der Krieg und sein Reichtum machten einige der berühmtesten Gemälde von Rembrandt, Vermeer, Renoir oder Gauguin zu Opfern. Bei seiner beharrlichen Suche nach einer Bereicherung für seine private Kunstsammlung, die Göring seit Beginn des Nationalsozialismus aufgebaut hatte, hatte er nun eine einmalige Gelegenheit gefunden, diese zu erweitern.“* (Rose Valland – Le front de l'Art, 2014, S.85.)

Nachdem die Geschäfte erledigt waren, nahm sich Göring im Kreis seiner Experten Zeit, um sich zu entspannen. Es wurden Champagner getrunken und Zigarren geraucht. Bruno Lohse versorgte Reichsmarschall Göring mit weiteren Kunstkatalogen und entsprechenden Analysen. Da der erste Ausstellungstag nicht ausreichte, Göring all die konfiszierten Werke in ihrer Vollständigkeit zu zeigen, wurde beschlossen, eine weitere Ausstellung, nur zwei Tage später, für ihn herzurichten. Der Reichsmarschall hatte vom Führer nicht nur die Erlaubnis erhalten, die beschlagnahmten Sammlungen zu untersuchen, sondern auch das Verfügungsrecht zuerkannt bekommen. Damit übernahm er die gesamte Kontrolle über den ERR. In dieser Position konnte niemand mehr, bis auf Adolf Hitler, ihn daran hindern, sich an der Kunst zu bedienen. Alles, was die Beschlagnahmung von Kunstgegenständen in Frankreich anging, wurde nun von ihm kontrolliert. Über zwanzig Besuche stattete Göring dem Jeu de Paume Museum ab, und jedes Mal fuhr anschließend sein Privatzug, vollbeladen mit Kunst, Schmuck und Möbeln, zurück Richtung Deutschland.

Rose Valland ging tagtäglich ihrer Arbeit nach. Sie wusste, wie man zuhörte, Menschen zum Reden brachte. Jeden Tag kamen Unmengen von Kunstgegenständen in das Museum. Die Anzahl der französischen Packer erhöhte sich dadurch automatisch. Mit dieser personellen Aufstockung war Rose Valland in der Lage, Verbündete zu gewinnen. Ihre unauffällige Kleidung und ihre Diskretion machten sie fast unsichtbar. Wenn sie in den Keller ging, wo die Lagerräume waren und die Verpacker arbeiteten, redete sie mit jedem ein freundliches Wort. Der Chefpacker Alexandre versorgte sie mit wichtigen Informationen, die sie brauchte, um ihre „privaten Akten" auf den neuesten Stand zu bringen. Der Hausmeister, Louis Deforges, der häufig mit den deutschen Experten zusammenarbeitete, erzählte Rose von dem, was er gesehen und gehört hatte. Sie machte sich unauffällig auf kleinen Zetteln stenografische Notizen. Wenn Rose sich über den Inhalt einer Kiste unsicher war oder nicht mehr wusste, ob ein Bild schon das Jeu de Paume Museum verlassen hatte, bat sie Alexandre um Auskunft, die er ihr freundlich gab. Im Museum gab es immer etwas zum Aufräumen und für die französischen Mitarbeiter zu organisieren. Häufig hatte Rose Valland das Bedürfnis, in den Heizungsraum zu gehen, für den sie offiziell verantwortlich war, nur um sich zu vergewissern, dass die Heizung funktionierte, um dabei den Gesprächen der SS-Offiziere zu lauschen, die sich über die, nach Deutschland zu verschickenden, Werke unterhielten. Was die Nationalsozialisten jedoch nicht wussten, war, dass Rose Valland die deutsche Sprache verstand. Daher redeten sie völlig frei, auch wenn sie in ihrer Nähe war. Informationen über Informationen und das jeden Tag. Am Abend, wenn alle nach Hause gegangen waren, durchsuchte Rose die Papierkörbe nach Hinweisen, wie Notizen oder fotografische Dokumente, die für sie und die Résistance wichtig sein könnten. Zu Hause notierte sie sich jede noch so kleine Information in ihr Tagebuch: Titel des Bildes, sowie den Namen des Künstlers, seinen ehemaligen Besitzer, Herkunftsort, aus welcher Sammlung stammend, den Bestimmungsort in Deutschland, sowie den Namen des „Nazi-Würdenträgers", für den das Bild bestimmt war. Tagsüber versuchte Rose Valland unauffällig, in herumliegenden Akten zu lesen, sich deren Inhalte zu merken, um diese abends in ihr Tagebuch zu schreiben. Alle zwei oder drei Tage zog sie Bilanz und traf sich regelmäßig im Louvre mit Jacques Jaujard oder mit der Leiterin des Sekretariats, Jacqueline Bouchot-Saupique, die, genauso wie Rose und Jacques, für den Widerstand kämpfte. *„Das kleine Büro am Seine-Ufer, in dem unsere Treffen stattfanden, erschien mir oft wie ein Refugium. Ich war dort sicher und fand bei jedem Wetter Rat und Trost. Einige meiner Mitteilungen wurden für laufende Verfahren verwendet, andere wurden für den Dienst nach dem Krieg aufbewahrt. Diese qualvolle Routine dauerte vom 1. Oktober 1940 bis zur Befreiung von Paris."* (Rose Valland – Le front de l'Art, 2014, S.105).

Rose war bewusst, dass sie für die Nationalsozialisten eine gefährliche Zeugin war. *„Mehr und mehr betrachteten sie mich jedoch als peinliche Zeugin –, die vor dem Ende entfernt werden musste, hatte von Behr entschieden. Ich sollte nach Deutschland gebracht und an der Grenze liquidiert werden."* (Rose Valland – Le front de l'Art, 2014, S.105).

Tagtäglich war sie den Besatzern und ihren Launen ausgeliefert. Obwohl jeder deutsche Wachposten am Jeu de Paume Rose kannte, musste sie bei der täglichen Einlasskontrolle ihren Ausweis vorzeigen. Wenn im Museum etwas „verschwunden" war, wurden als Erstes ihre französischen Mitarbeiter und sie verdächtigt. Das Wort Sabotage machte sofort die Runde, wenn ein Gemälde ein Loch besaß, Statuen zerbrochen aufgefunden wurden oder der Heizkessel mal wieder nicht funktionierte. Rose Valland musste jedes Mal mit antreten, blieb jedoch standhaft. Viermal wurde sie aus dem Museum vertrieben, kam aber jedes Mal zurück. *„Ich wurde viermal aufgefordert, nicht mehr zu kommen [...]. Die Zeiten, in denen ich abwesend war, dauerten bis zu rund vierzehn Tage. Wenn sich die Stimmung änderte, kam ich wieder in das Jeu de Paume."* (Rose Valland – Le front de l'Art, 1997, S. 103)

Nach den zahlreichen Beschlagnahmungen der jüdischen Sammlungen durch die Nationalsozialisten in Paris und Umgebung wuchs der Berg der Kunstgegenstände im Museum ins Unermessliche. Der Platzmangel machte allen Mitarbeitern zu schaffen. Rose fand heraus, dass die ersten Konvois, beladen mit gestohlener Kunst aus Frankreich, beim Depot im Schloss Neuschwanstein in Bayern angekommen waren. Als dieses keine weiteren Kulturgüter mehr aufnehmen konnte, diente es als Drehscheibe für die weiteren Konvois mit Kunstgegenständen aus Frankreich. Valland, ständig auf der Suche nach neuen Informationen, fand mit viel Geduld und Geschick folgende neue Depots des ERR: Schloss Hohenschwangau, Schloss Herrenchiemsee, der Führerbau in München, Kloster Buxheim, die Nikolsburg in der damaligen Tschechoslowakei, Schloss Kogl und Schloss Seisenegg, sowie das Salzbergwerk Altaussee in Österreich, Schloss Mauterndorf, Kloster Banz, Schloss Wildenstein, die Salzmine Bernterode. Rose hegte die stille Hoffnung, dass der Tag kommen wird, an dem ihre Informationen dafür sorgen werden, dass all die gestohlenen Schätze, die sie hatte verschwinden sehen, wiedergefunden werden. Dieser Gedanke war ihr Motor, ihre Motivation und hielt sie aufrecht.

Im Zuge der Plünderungen hielten viele Bilder in das Jeu de Paume Einzug, die für die Nationalsozialisten als „Entartete Kunst" galten. Hierzu gehörten Kunstwerke sowie Kunstströmungen, die nicht dem Schönheitsideal der deutschen Kunst entsprachen, wie der Expressionismus, Dadaismus, Surrealismus, Kubismus, Fauvismus, die Neue Sachlichkeit, sowie alle Bilder jüdischer Künstler. Braque, Picasso, Klee, Matisse, Dali, Ernst, Léger oder Chagall wurden im Jeu de Paume Museum, in dem von Rose Valland genannten „Raum der Märtyrer" untergebracht. Dort warteten sie auf ihr weiteres Schicksal. Der ERR organisierte mehrmals einen Austausch moderner Gemälde gegen alte Werke. Viele Bilder der modernen Kunst verließen das Museum, um in der Schweiz auf diversen Auktionen, Devisen für den Krieg zu erwirtschaften. Am 27. Mai 1943 war Rose Valland die einzige Zeugin der Verbrennung von 500 bis 600 Werken moderner Kunst, die vom ERR veranlasst wurde. „*Am 27. Mai 1943 stieg eine gewaltige Rauchsäule von der Terrasse der Tuilerien auf. Sie verschwand erst mit der Dämmerung. Das Feuer war leicht im Innengarten des Musée du Jeu de Paume zu lokalisieren, wo ein Berg von Bildern mit Rahmen im Feuer verschwanden [...]. Moderne Gemälde, etwa fünfhundert oder sechshundert, brannten im Herzen von Paris. [...]. Die Auswahl war groß und der Scheiterhaufen der Nazis reich befeuert. Gemälde von Masson, Miro, Picabia, Valadon, Klee, Max Ernst, Léger, Picasso, Kisling, La Fresnaye, Marval, Mané-Katz, fielen Trugschlüssen zum Opfer. Viele andere ‚Qualitätswerke teilten ihr Schicksal.'*" (Rose Valland – Le front de l'Art, 2014, S.187)[1]

Die Landung der Alliierten am 6. Juni 1944 und das unaufhaltsame Vorrücken der Befreiungstruppen machten deutlich, dass das Ende der Besatzung nur noch wenige Wochen entfernt war. Trotz Operationen in letzter Minute wusste der ERR, dass das Ende nahte, und er hatte den Befehl erhalten, alles in Bayern zu sammeln: Die letzten 14 Monate des ERR bestanden hauptsächlich darin, den Transport zu den „Zufluchtsorten" in Deutschland zu organisieren. „*Der Einsatzstab hat, um die Wahrheit zu sagen, nicht bis zur letzten Minute gewartet, um seine Koffer zu packen. Die Unterbringung der beschlagnahmten Kunstwerke in die Rosenberg-Depots wurde in beschleunigtem Tempo fortgesetzt. Von Mitte des Jahres bis zum 1. August 1944 verließen neun Konvois Paris in Richtung Deutschland, Tschechoslowakei und Österreich.*" (Rose Valland – Le front de l'Art, 1997, S. 161)

---

1 Rose Vallands Aussage ist die einzige zu diesem Thema. Keine Liste von diesen verlorenen Werken ist bis heute bekannt. Jedoch taucht diese Aussage in jedem Buch auf. In dem Buch Le front de l'Art erwähnt Rose Valland den 27. Mai 1943. Andere Publikationen nennen als Tag der Bilderverbrennung den 23. Juli 1943.

Am 1. August 1944 schaffte es Rose Valland, den Zielort des Zuges 4044 in Deutschland zu erfahren. Fünf Waggons dieses Zuges waren vollbeladen mit 148 Kisten mit Werken moderner Kunst aus dem Museum Jeu de Paume. Sie informierte Jacques Jaujard darüber, der diese Information an die Widerstandskämpfer der Eisenbahn übermittelte. Mehrere Sabotage-Interventionen blockierten die Weiterfahrt des Zuges, so dass dieser nie in Deutschland ankam. *„Am 1. August 1944, zu Beginn dieses unvergesslichen Monats der Befreiung von Paris, wurden 148 Kisten, von denen einige die prestigeträchtigen Namen, wie Cézanne, Monet und Dufy trugen, auf Lastwagen gestapelt und verließen die Terrasse der Tuilerien. Mit großer Genugtuung erfuhr ich, dass der Konvoi auf den Bahnhof zusteuerte. Unter den jetzigen Bedingungen hätten die auf der Straße transportierten Gemälde Frankreich viel schneller verlassen. Um sie zurückzuhalten, war es wichtig, Zeit zu sparen. Die alliierten Armeen, die damit beschäftigt waren, die Inseln des Widerstands im Westen abzubauen, wurden von einem auf den anderen Tag erwartet, und mit welcher Ungeduld! Würden sie früh genug sein, um diese jüngste Plünderung zu verhindern? [...] Die fünf für die Kunstwerke reservierten Waggons waren am 2. August versiegelt worden. Eine spezielle Militärwache wurde noch am Tag des Eintreffens der Werke auf dem Bahnhof eingesetzt. [...] Nachdem ich die Situation meinem Direktor gemeldet hatte, bat ich ihn, bei der SNCF[2] zu intervenieren [...] Die Nummern der Waggons, die ich auf den im Museum vorbereiteten Abfertigungsblättern hatte notieren können, wurden ihnen mitgeteilt und der Zug leicht ausfindig gemacht. [...] Die SNCF tat dies mit großem Geschick. Glücklicherweise waren die Gleise von den Deutschen selbst verstopft [...]. Technische Unfälle konnten leicht mit einem so schwer beladenen Zug erklärt werden [...]. Eine erste Panne brachte den Konvoi in Le Bourget für achtundvierzig Stunden zum Stillstand. Achtundvierzig Stunden zu dieser Zeit könnten das Gesicht der Dinge verändern [...]. Dann wurde die Lok auf ein Nebengleis in Aulnay gebracht, um auf eine*

---

2 Staatliche Eisenbahngesellschaft Frankreichs

neue Lokomotive zu warten. Nach achtzehn Stunden schien der ei-
gentliche Aufbruch unvermeidlich. Da geschah das Wunder. Die Ar-
mee von Leclerc, die sich bereits in der Pariser Region befand, rück-
te am 27. August 1944 in Aulnay ein und schickte, nachdem sie von
der SNCF über die unmittelbaren Aufgaben instruiert worden war,
ein Kommando, um die Wagen zu beschlagnahmen und sie von ih-
rer deutschen Garde zu befreien [...]." (Rose Valland – Le front de
l'Art, 1997, S.184ff.)

Am 12. August 1944 schrieb Rose Valland in ihr Tagebuch: „*Das
ist das Ende der Operation Rosenberg.*"

Am 16. August 1944 notierte Rose Valland in ihr Tagebuch:
„*Die Militärwache wird aus dem Museum entfernt. Uff!*"

v. l. Rose Valland, Edith Standen, Hubert de Bry

Am 24. November 1944 übernahm Valland das Sekretariat der
„Kommission für künstlerische Wiederbeschaffung", die vom
Ministerium für Kunst und Kultur, der nationalen Bildungsstät-
te der Bundesrepublik Deutschland, ins Leben gerufen wurde.
Albert Henraux leitete das Komitee, das seinen Sitz im Jeu de

Paume Museum hatte und dessen Ziel es war, in Deutschland und in neutralen Ländern nach Kunstobjekten, Archiven, Büchern und Manuskripten zu suchen, sie zu identifizieren, einzuholen und, wenn möglich, ihren rechtmäßigen Besitzern zurückzugeben.

Unter den ersten Amerikanern, die nach der Kapitulation nach Paris kamen, war Leutnant James Rorimer von der Kunstschutzabteilung der U.S. Army, Monuments Fine Arts and Archives Section. Rorimer hatte sich, wie viele andere Monuments Men freiwillig für diese Aufgabe gemeldet. Bevor er seinen Dienst für den Kunstschutz antrat, war er Kurator des Metropolitan Museum of Art in New York. Er war kein ausgebildeter Soldat. Die meisten Monuments Men hatten eine künstlerische Ausbildung. Sie waren Museumsfachleute, Restauratoren oder Architekten. Die Aufgaben der Monuments Men bestanden im Wesentlichen darin, bedrohtes Kulturgut zu schützen und geraubte Kunstobjekte der Nazis aufzuspüren und diese sicherzustellen. 350 Männer und Frauen arbeiteten freiwillig in dieser Abteilung.

James Rorimer erkannte schnell die energische und kompromisslose Persönlichkeit von Rose Valland. In seinen Memoiren stellte er fest: *„Die Person, die uns mehr als alle anderen bei der Jagd auf die Naziverbrecher half, war Miss Rose Valland eine harte, entschlossene und nachdenkliche Expertin. Diese Frau war Assistentin im Jeu de Paume Museum, als die Deutschen einzogen und das Gebäude in ein Zentrum für die Beschlagnahmung von Kunstwerken umbauten. [...] Während des Krieges blieb sie in Abwesenheit des Direktors allein auf ihrem Posten im Museum. Von Zeit zu Zeit versuchten die Deutschen, ihre Anwesenheit zu entmutigen. Sie war mehrmals auf brutale Weise hinausgeworfen worden, gehorchte und kehrte dann jedes Mal ins Museum zurück. Ihre völlige Hingabe an die französische Kunst hatte in ihrem Haus keinen Raum für Angst gelassen. Als Mitglied der Résistance riskierte sie mehrmals ihr Leben, um Informationen zu sammeln."* (James Rorimer, Survival, 1950, S.108)

Rose Valland und James Rorimer hatten bereits bei der Sicherstellung des Zuges von Aulnay-sous-Bois zusammengearbeitet, daher vertraute sie dem Amerikaner. Doch es dauerte noch eine ganze Weile, bis sie ihm ihr Tagebuch, mit all den wichtigen Notizen anvertraute. Sie hatte Bedenken, dass die Mühlen der Bürokratie zu langsam mahlen würden, dass ihre Informationen an den Falschen geraten, oder noch schlimmer, in irgendeiner Schublade verschwinden könnten. *„Ich hatte ein Gefühl der Verantwortung für diese Sammlungen, derer ich mich während des Krieges voll und ganz gewidmet hatte, nachdem ich die Informationen gesammelt hatte, von denen ich hoffte, dass sie gefunden werden könnten und ihre Rückgabe erleichtern würde. [...] Doch um die geraubten Kunstwerke zu retten mussten wir schnell handeln!"* (Rose Valland – Le front de l'Art, 1997, S. 213f.)

Rose war wichtig, dass ihre Informationen direkt von Hand zu Hand weitergegeben werden sollten. James Rorimer verstand sie sehr gut: *„Sie hielt ihre Informationen zurück, weil sie mehr als alles andere fürchtete, dass sie in gleichgültige Hände fallen würden, die unsere Operationen nur verzögern oder gefährden könnten."* (James Rorimer, Survival, 1950, S.110).

Weihnachten 1944 lud James Rorimer Rose zu sich nach Hause ein. *„Als sie ein paar Tage später zustimmte, in meine Wohnung zu kommen, dachte ich, ich könnte sie davon überzeugen, dass ich ihre Informationen nur im Interesse Frankreichs so verwenden würde, wie sie es wünschte. In bester Tradition des Spionageromans öffnete ich eine Flasche Champagner und wir tranken auf unsere Mission. Rose wurde ein wenig ausschweifend und erzählte mir, wie sie die Listen der von den Deutschen exportierten Kunstwerke zusammenstellen konnte. [...] Sie wollte mir jedoch nichts über diese Listen und ihre Dokumente erzählen. Sie war nicht davon überzeugt, dass ich heimlich mit ihr zusammenarbeiten könnte."* (James Rorimer, Survival, 1950, S.111). Nach diesem Abend wartete Rose noch ein paar Tage, dann ergriff sie die Initiative. *„Eines Abends rief sie mich in ihre Wohnung [...] und ich ging in diese abgelegene, bei Touristen weniger bekannte Gegend von Paris [...]. Die Wohnung lag hinter der Halle aux Vins, wo es in der Nacht des 26. August, als die Deutschen Paris bom-*

bardiert hatten, einen großen Brand gab. Ich stellte mein Fahrrad in die Eingangshalle, drückte den Lichtknopf und begann, die Treppe hinaufzusteigen. Rose Valland hat oben auf mich gewartet. Es war ein enger und abgelegener Ort, und wenn die Gestapo gewusst hätte, dass Rose Valland ein Mitglied der Résistance war, wäre es ein Leichtes gewesen, sie jederzeit zu erwischen, ohne dass jemand davon wusste. Im Kamin knisterte das Licht eines Feuers und die Beleuchtung in der Wohnung war schummrig. Auf einem Couchtisch standen ein paar Blumen in einer Vase. In der Nähe befanden sich eine Flasche Cognac und ein Kuchen, den sie gerade gebacken hatte, sowie eine Packung amerikanischer Zigarren. Seit der Besatzung war sie eine eingefleischte Raucherin geworden. [...] Es dauerte einige Zeit, bis sie das Hauptthema unseres Treffens ansprach. Plötzlich endeten die Scherze, wenn man das so sagen kann, und sie sagte ganz offen zu mir: ‚Du musst nach Deutschland gehen, James. Ich komme nach, sobald ich kann, aber Sie müssen jetzt gehen.' [...] Sie ging in ihr Zimmer und kam einen Moment später mit Stapeln von Fotos und Akten voller Dokumente zurück. Sie zeigte mir das Foto von Reichsleiter Rosenberg. [...] Es gab auch Fotos der Mitglieder des Rosenberg Stab, eine dunkle Galerie, die zum Leben erwachte, als sie mir über ihre öffentliche und private Geschichte erzählte, die Rolle, die sie bei den Enteignungen gespielt hatte. [...]. Eine wichtige Frage, die bis dahin unbeantwortet geblieben war: Wohin in Deutschland waren die Werke transportiert worden? Sie kam mit einem Foto von zwei großen Schlössern bei Füssen in Südbayern zurück und sagte: ‚In den Schlössern Neuschwanstein und Hohenschwangau haben die Nazis ihre Diebstähle gesammelt und katalogisiert. Dort, wie auch in der Abtei Buxheim bei Memmingen, befinden sich alle aus Frankreich übernommenen Archivalien und Kunstwerke.' Ich fragte: ‚Wie können Sie sicher sein, Sie waren noch nie in Deutschland?' Sie sagte: ‚Du kannst mir vertrauen, James. Alles, was ich Ihnen sage, basiert auf mehr als weiblicher Intuition. Nehmen Sie diese beiden Fotos. Sie zeigen Ihnen, wo Sie finden, was Sie suchen.'" [...] (James Rorimer, Survival, 1950, S. 114).

Im April 1945 reiste James Rorimer als Kunstschutzoffizier der VII. Armee nach Deutschland. Zusammen mit der US-Armee und angeleitet durch die Aufzeichnungen in Rose Vallands Tagebuch, entdeckte er das Kunstdepot von Schloss Neuschwanstein bei Füssen in Bayern. Dieses beinhaltete einen großen Teil der französischen Sammlungen. *„Rose Valland versicherte mir, dass Füssen, südlich von Augsburg, nahe der Grenze zu Österreich-Ungarn, das Zentrum der Aktivitäten des Einsatzstabs Rosenberg in Deutschland war. Dorthin waren in den Jahren 1940–1943, die großen Konvois aus Frankreich geschickt worden, mit einer großen Anzahl von Werken aus den Hauptsammlungen Rothschild, David-Weill und Veil-Picard.* (James Rorimer, Survival, 1950, S. 160)

Rose Valland war in der Zwischenzeit nicht untätig gewesen. *[...]* *„Glücklicherweise suchte die Erste Französische Armee zur gleichen Zeit dringend 'Offiziere der schönen Künste', Männer und Frauen. Am 4. Mai erhielt ich einen unbefristeten Einsatzbefehl, der mir erlaubte, in den Stab von General de Lattre de Tassigny einzutreten."* (Rose Valland – Le front de l'Art, 1997, S. 219)

Sie trat dem Offizierskorps im Rang eines Leutnants bei und wurde später zum Hauptmann der französischen Armee ernannt. Bei ihrer Ankunft in Baden-Baden, am 11. Mai 1945, fand Rose ein Land in Trümmern vor. Überall herrschte Verwüstung, Hunger und Armut. Sie bekam die Erlaubnis, sich nach Füssen, Kempen und Buxheim zu begeben. Voller Aufregung fieberte sie ihrer Fahrt nach Schloss Neuschwanstein entgegen, dem Ort, den sie nur von Transportscheinen und Erzählungen kannte. Vier Jahre lang hatte sie auf diesen Tag gewartet, endlich die Kunst wiederzusehen, die sie in ihrem Museum verabschieden musste. *„Diese Reise zu einem Ziel, das während der Besatzungsjahre unerreichbar schien, entfaltete sich für mich wie ein Traum. [...] Über einer romantischen Landschaft standen die Schlösser Ludwigs II. wie sagenhafte Gebilde, gleichgültig gegenüber dem, was weiter unten im Tal geschah."* (Rose Valland– Le front de l'Art, 1997, S.223f.)

Doch was für eine Enttäuschung! Als Rose am Schloss Neuschwanstein eintraf, durfte sie es nicht betreten, Anweisung von James Rorimer, der nur einen Tag vor ihrer Ankunft den Befehl erteilt hatte, dass niemand während seiner Abwesenheit das Schloss Neuschwanstein sowie das Schloss Hohenschwangau betreten durfte. Rose stand vor verschlossenen Türen. Da sie sich persönlich für die Wiederbeschaffung der Kunstwerke verpflichtet fühlte, war dies garantiert eine Enttäuschung für sie gewesen. Als ihr bewusst wurde, dass sie in dieser Situation nichts weiter ausrichten konnte, machte sie sich auf den Weg zum Kloster Buxheim, dem nächsten Depot des ERR. Zwar wurde das Kloster von fünfzehn amerikanischen Soldaten bewacht, doch dieses Mal hatte Rose Glück und durfte das Depot betreten. Im Inneren des Klosters waren die Gänge überfüllt mit Möbeln und Kunstgegenständen; der gesamte Boden der Kapelle war mit antiken Wandteppichen und Bodenteppichen ausgelegt. Das Lager enthielt 72 Kisten mit der Aufschrift „D. W.", David Weill, die noch nicht geöffnet wurden. Am Mittwoch, den 16. Mai 1945 verfasste Rose Valland einen detaillierten Bericht, indem sie diese drei Tage des Einsatzes mit einem optimistischen Ergebnis schilderte. *„[...] alle vom ERR genutzten Räumlichkeiten waren der Kriegszerstörung entgangen, wir konnten hoffen, einen großen Teil unserer Sammlung wiederzuerlangen. So würde uns diese Mission, sobald die alliierten Truppen in Deutschland einmarschiert sind, uns erlauben, sofortige und optimistische Nachrichten nach Frankreich zu senden."* (Rose Valland – Le front de l'art, 1997, S.225)

Am 31. Mai 1945 begann der Inspektionseinsatz von Rose Valland und ihren Begleitern, Leutnant Jean Rigaud, Offizier der 1. französischen Armee, sowie dem ehemaligen Direktor der Karlsruher Kunsthalle, Kurt Martin, auf der Burg Hohenzollern. Dort befanden sich siebenundzwanzig Kisten aus dem Walraff-Richartz-Museum in Köln. Rose notierte: *„In diesem Schloss, das einen mittelalterlichen Charakter hat [...], ist mir der Nachmittag, den ich mit dem ehemaligen Kronprinzen von Preußen verbracht habe, erstaunlich in Erinnerung geblieben. Seine Intelligenz, sein Berliner Humor kratzten oft an unseren Überzeugungen."* (Rose Valland – Le front de l'Art, 1997, S. 226f.)

Im Juni 1945 erreichte Rose ein unterzeichneter Missionsbefehl von Oberst Carolet mit der Erlaubnis, das Depot in

Berchtesgaden aufzusuchen. Sie inspizierte die Galerien unter den Wohnhäusern, in denen ein Teil von Görings Kunstsammlung versteckt worden war. Am 18. Juli 1945 wurde Rose Verbindungsoffizier zwischen der Commission de récupération artistique und der französischen Regierung der Besatzungszone in Deutschland. Valland war in den Sommermonaten 1945 noch einmal in Neuschwanstein, da sie Kontakt zu Captain Robert Posey und John Skilton, zwei weitere Monuments Men, aufgenommen hatte. In den Sälen des riesigen Schlosses Neuschwanstein konnte sie nun sehen, was vor vier Jahren das Jeu de Paume Museum verlassen hatte. Die Ansammlungen waren beachtlich, denn neben dem ERR-Raubgut, gab es noch mehr als dreihundert Gemälde aus den bayrischen Museen. Einige Räume waren auch leer, da die dort gelagerten Kunstschätze schon ins Salzbergwerk nach Altaussee gebracht worden waren. In den anderen Räumen standen Kisten, die Rose sehr bekannt vorkamen! Leider gibt es keinen persönlichen Bericht von Rose Valland über den Besuch auf Schloss Neuschwanstein, aber lassen wir John Skilton zu Wort kommen: *„Ganze Räume sind mit riesigen Kisten gefüllt, die nie geöffnet wurden. Andere sind voll mit Gegenständen, die bereits aus den Kisten genommen wurden: Möbel, Gemälde, Drucke, Bücher Tafelsilber, Teppiche, Wandteppiche, Porzellan aus Frankreich. An manchen Stellen sind mehrere Regale mit Gegenständen überfüllt. In einem sehr kleinen Raum öffnet Leutnant Rorimer eine Eichenkiste und wir sind sprachlos vor Staunen über den Inhalt. Vor uns liegen die wunderschönen Renaissance-Schmuckstücke, die den Rothschilds aus Paris gehören."* (Skilton, John D. Jr., Défense de L'ART Européen par un officier Américain, 1948, S.49).

Die Kellerräume von Schloss Neuschwanstein waren mit den in Paris beschlagnahmten Werken gefüllt. In der „Schatzkammer" befanden sich die Juwelen der Rothschild-Sammlung und die Goldschmiedesammlung von David-Weill. Tausende von Schmuckstücken wurden in Truhen dort aufbewahrt. Von besonderem Interesse für Rose war der Archivraum des ERR. Dort befanden sich mehr als zwanzigtausend dokumentierte Werke, eine Fotothek mit achttausend Negativen, Versandbücher sowie eine Sammlung der wichtigsten Dokumente des ERR. Es waren genau die Dokumente, die die Deutschen aus dem Jeu de Paume Museum hatten verschwinden lassen. Hier lagen sie nun fein säuberlich geordnet und klassifiziert. In Neuschwanstein erfuhr Rose, dass das Schloss Herrenchiemsee inspiziert wurde und dass dort weitere dreihundert Kisten des ERR gefunden wurden.

Robert Posey war der erste Amerikaner, der das Salzbergwerk Altaussee betreten hatte. Er erzählte Rose Valland von der Katastrophe, die beinahe stattgefunden hätte. Vom „Nero Befehl" Adolf Hitlers, der dazu führen sollte, dass alles zerstört werden und nichts mehr für den Feind übrigbleiben sollte. Rose Valland erklärt die Umstände der knapp entgangenen Katastrophe: *„Die Überführung der Kunstwerke in die Saline Altaussee hatte nur wenige Monate zuvor stattgefunden. Das Geheimnis war gut bewahrt worden. Der amerikanische Capitain, Robert K. Posey, erhielt diese Information zur gleichen Zeit, wie die Kapitulation von Major Bunjes, der kurz darauf Selbstmord beging [...]. Das Unwiederbringliche konnte vor der Ankunft der Amerikaner vollbracht werden. Die Nazis waren in dieser Region besonders hartnäckig und erst am Vorabend des Sieges wurden die letzten Hitlerschen Phalangen unter Kontrolle gebracht. In der Zwischenzeit wurde den durch die nahende Niederlage verschärften Leidenschaften in Altaussee freier Lauf gelassen [...]. Fakten, die unkalkulierbar bleiben! Ebenso wie die acht Fliegerbomben von fünfhundert Kilo, die auf Befehl von Gauleiter A. Eigruber in den Stollen gebracht wurden, um sie vollständig zu zerstören. [...] Sie wurden in der Nacht von dem 2. auf den 3. Mai (1945) in den Stollen gebracht. [...] Karl Sieber von den Berliner Museen und Dr. Pochmüller, Direktor der Salinen [...], versperrten den Zugang zu den unterirdischen Stollen, indem sie kleine Erdrutsche verursachten und so jeden Versuch der Zerstörung oder Plünderung augenblicklich unmöglich machten."* (Rose Valland – Le front de l'Art, 1997, S. 228ff.)

Die Rückführung der Göring-Sammlungen erwies sich als äußerst schwierig. Göring war ein besessener Kunstsammler, er besaß die zweitgrößte Sammlung nach Hitlers Sammlung für den „Sonderauftrag Linz". Allein durch die Zusammenarbeit mit dem Reichsminister Alfred Rosenberg (ERR) gelang es Hermann Göring, sich wertvolle Kunstgegenstände aus Frankreich und Belgien anzueignen. Mehr als 600 solcher Gegenstände, Gemälde, Skulpturen, Möbel, Wandteppiche, Glasfenster und anderes Kunsthandwerk gingen in seinen Besitz über. Göring besaß außerdem, aus dem Altbesitz seiner Familie, weitere Kunstgegenstände. Viele Kunstobjekte waren Ausstattungsgegenstände für seine verschiedenen Wohnsitze, in Berlin, Berchtesgaden, in der Schorfheide (Carinhall), in Ostpreußen (Rominten), und seine Schlösser Veldenstein (Franken) und Mauterndorf (Österreich) gewesen. Göring hatte die Idee, Carinhall zu einem Museum umzubauen, eine Dependance zum Führermuseum in Linz. Durch das Näherrücken der Alliierten verlegte Göring einen großen Teil seiner Sammlung nach Bayern, ein anderer Teil blieb im Osten von Deutschland, in Berlin und Carinhall.

Im Mai 1945 inspizierte Rose Valland das Depot Berchtesgaden: *„Ein Zug von etwa dreißig Waggons brachte alle Bilder von Carinhall nach Bayern. Im Tunnel von Berchtesgaden, wo sie schließlich landeten, war ich, als die Amerikaner sie auspackten, nicht nur über ihre Anzahl und Qualität erstaunt, sondern auch über das Fehlen der Wandteppiche und Skulpturen, von denen ich wusste, dass sie aus Paris mitgenommen worden waren, wo sie von Göring mit besonderem Interesse ausgewählt worden waren."* (Rose Valland – Le front de l'Art, 1997, S. 82)

Am 22. Januar 1946 sollte die Anhörung zum NS-Raubgut, über die Plünderungen in Belgien, Frankreich, Luxemburg und den Niederlanden, stattfinden. Rose Valland fuhr nach Nürnberg, um an dem Prozesstag teilzunehmen. Sie hatte die Anklageschrift gelesen und wartete nun auf das Verfahren. Leider fiel dieses, aufgrund eines überfrachteten Programmablaufes aus.

Rose war enttäuscht, hatte sie doch die Hoffnung gehabt, dass die Aktionen des Alfred Rosenberg und des ERR, endlich angeprangert werden würden. Sie legte Protest ein, und am 6. Februar 1946, mit Unterstützung ihrer amerikanischen Kollegen, wurde die 52. Sitzung des Nürnberger Prozesses ganz dem Thema gewidmet.

Rose arbeitete unerbittlich an der Wiederbeschaffung und Rückführung kultureller Güter. Sie recherchierte, ermittelte, verhörte Personen, schrieb Unmengen an Briefen und Protokollen und musste sich mit der, wahrlich nicht einfachen, Bürokratie auseinandersetzen. Häufig fehlte es an Transportmöglichkeiten und Kooperationsbereitschaft. Ein weiteres ehrgeiziges Ziel, welches sie verfolgte, war die Suche nach Informationen über die ehemaligen Mitglieder des ERR, insbesondere über Bruno Lohse, was sich als sehr schwierig erwies.

Ende 1946 hatte Valland ihre Arbeit in Bayern beendet. Sie übernahm die Position der Leiterin der Beaux-Art-Sektion im Berliner Kontrollrat. Dieser Posten gab ihr die Befugnis, deutsche Museen, in denen Werke französischer Herkunft aufbewahrt wurden, zu inspizieren. Sie hegte die stille Hoffnung, dass diese Position ihr auch die Gelegenheit geben würde, Kontakt zu den Sowjets aufzunehmen, um ihre Ermittlungen über Hermann Göring weiter aufzunehmen. Da die vier großen Siegermächte, die Vereinigten Staaten, Großbritannien, die Sowjetunion und Frankreich ihre Besatzungszonen jetzt autonom verwalteten, hatte Frankreich zwei Regierungssitze in Deutschland: Baden-Baden, die Verwaltungshauptstadt der französischen Zone, und Berlin. Während ihres Aufenthaltes in Berlin lebte Rose im Berliner Vorort Frohnau. Hartnäckig verfolgte sie weiter ihre Ziele und, trotz internationaler Spannungen, bekam sie nach einiger Zeit ein Visum für die sowjetische Zone sowie die Erlaubnis, nach Carinhall aufzubrechen. 1947 war sie mehrfach in der sowjetischen Besatzungszone unterwegs, auch auf dem Gelände des Landsitzes Carinhall, welches 1945, auf Befehl von Hermann Göring, gesprengt wurde. Rose Valland war hauptsächlich auf der Suche nach zwei rosa Granitlöwen aus dem 16. Jahrhundert. Diese hatten Frankreich schon recht früh mit Görings Sonderzug verlassen. Laut Zeugenberichten hielten diese wertvollen, überlebensgroßen Löwen aus Frankreich am Haupteingang von Carinhall Wache. Rose wollte sie unbedingt wiederfinden. Ihr Ehrgeiz und Durchhaltevermögen wurde belohnt. Sie fand die Löwen relativ unbeschädigt vor. Mehrfach durchsuchte sie mit ihren Mitarbeitern die Ruinen der Gebäude und Bunker. Von den Verhören in München wusste sie, dass viele Skulpturen im Wald versteckt worden waren. Jeder Stein wurde umgedreht, jedes Gebüsch durchsucht und siehe da, die Untersuchungen im Wald waren erfolgreich! Die Statuen, die sich zum Teil noch in verschlossenen Kisten befanden, wurden, unbeschädigt unter Bäumen vergraben, gefunden. Zahlreiche andere hingegen wurden als Zielscheibe für Schießübungen benutzt oder grob zerstört.

Unermüdlich arbeitete Rose Valland an der Wiederbeschaffung von Kunstgegenständen, bis im Dezember 1949 die Arbeit der „Commission de récupération artistique" eingestellt wurde. Bis Dezember 1951 übernahm sie in Berlin die Leitung der Abteilung „Restaurierung von Kunstwerken", durch welche die kulturelle Restitution fortgesetzt werden konnte.

Nach ihrer Rückkehr nach Frankreich im Jahre 1953 wurde sie „Leiterin des Dienstes des Schutzes von Kunstwerken". 1955 wurde Rose Valland zur Konservatorin der Nationalmuseen ernannt. 1961 veröffentlichte sie ihr Buch „Le front de l'Art – Défense des collections francaises 1939-1945", welches die Vorlage für den 1964 gedrehten Film „Der Zug", mit Burt Lancaster in der Hauptrolle, war. Der Film erzählt die Geschichte von der Rettung des Kunstzuges 4044. Das Jeu de Paume Museum, sowie Rose Valland, die in dem Film Mademoiselle Villard hieß, wurde nur am Rande erwähnt.

Suzanne Flon et Rose Valland

Es kam die Zeit, da die Menschen mit dem Thema Krieg nichts mehr zu tun haben wollten. Rose, die noch immer für die Rückgabe gestohlener Kunstgüter kämpfte, wollte nicht mehr gehört werden. Es wurde still um die einstige Heldin Frankreichs. Am 18. September 1980 verstarb Rose Valland im Alter von 81 Jahren in Ris-Orangis. Sie wurde in ihrem Heimatdorf Saint-Étienne-de-Saint-Geoirs, neben ihrer Lebensgefährtin Joyce Heer, beigesetzt.

Es dauerte eine ganze Weile, bis man sich in dem kleinen Ort daran erinnerte, wen man da eigentlich begraben hatte. So gründete sich am 27. August 1997 der Verein „La Mémoire de Rose Valland", der sich darum kümmert, dass Rose Valland und ihre heldenhaften Taten nicht in Vergessenheit geraten. Am 27. April 2005 weihte der Minister für Kultur und Kommunikation, Renaud Donnedieu de Vabres, im Jeu de Paume Museum eine Gedenktafel zu Ehren von Rose Valland ein.

Rose erhielt zu Lebzeiten für ihre heldenhafte Tätigkeit zahlreiche Auszeichnungen. Die französische Regierung ernannte sie zum Mitglied der Ehrenlegion, verlieh ihr den „Ordre des Arts et des Lettres", sowie die „Médaille de la Résistance". Von den Vereinigten Staaten wurde ihr 1948 die „Medal of Freedom" verliehen. Die Bundesrepublik Deutschland zeichnete sie 1972 mit dem Bundesverdienstkreuz 1. Klasse aus. Dank Rose Vallands Arbeit konnten rund 60 000 Kunstwerke nach Frankreich zurückgeführt werden.

Eine wahre Heldin.

Ein Besuch in Saint-Étienne-de-Saint-Geoirs

Um mir ein weiteres Bild über Rose Valland zu machen, besuchte ich im Sommer 2023 das beschauliche Örtchen Saint-Étienne-de-Saint-Geoirs, eine kleine französische Gemeinde im Département Isère in der Region Auvergne-Rhône-Alpes. Auf meinem Plan stand der Besuch von Rose Vallands Elternhaus, das Haus mit dem Fresko, sowie ein Besuch auf dem Friedhof. Der Tag meiner Anreise war ein sehr heißer. Das Barometer zeigte 36 °C und es war ein Samstag. Meine erste Station war der Friedhof von Saint-Étienne-de-Saint-Geoirs, der außerhalb der kleinen Ortschaft lag. Als ich nach 890 km auf dem Parkplatz, aus dem Wagen stieg, empfingen mich das Zirpen der Grillen, ein strahlend blauer Himmel und eine trockene Hitze. Keine Menschenseele war zu sehen. Mein Mann und ich teilten uns auf, da der Friedhof doch recht groß war. Nach dem Eingang nahm ich den linken Weg, mein Mann den rechten. Es dauerte gar nicht lange, da hörte ich ihn meinen Namen rufen. Er hatte das Grab von Rose Valland zuerst entdeckt. Ich weiß nicht genau, was ich erwartet habe, aber als ich vor ihrem Grab stand, war ich emotional sehr berührt. Hier also lag meine Heldin bei ihrer Familie und ihrer Lebensgefährtin, Dr. Joyce Helen Heer, begraben. Der große Grabstein aus weißem Marmor sah noch recht neu aus. Unter dem Kreuz, welches mit zwei Voluten geschmückt war, stand *Famille Viardin* und in roter Inschrift die Namen der Familienangehörigen, die hier beigesetzt wurden. Ein kaputter Blumentopf mit einer verkümmerten Pflanze darin konnte meine traurige Stimmung auch nicht aufhellen. Vor dem Blumentopf stand ein schwarzer Gedenkstein mit folgender goldener Inschrift:

Souvenez vous de Rose Valland et de son action de résistance dans le domain de l'art, pendant la seconde guerre mondiale. Conservateur au musée du jeu de paume à Paris, elle a permis la récupération et la restitution aux particuliers et aux états,

du patrimoine artistique pillé par les nazis durant l'occupati-
on. Son oeuvre est un combat pour la liberté.
Association: La mémoire de Rose Valland

Die Übersetzung lautet wie folgt: Erinnern Sie sich an Rose Valland und ihre Widerstandsaktionen im Kunstbereich während
des Zweiten Weltkriegs. Kuratorin am Musée du Jeu de Paume in Paris. Sie ermöglichte die Wiedererlangung und Rückgabe des, von den Nazis während der Besatzungszeit, geraubten
Kunsterbes an Privatpersonen und Staaten.

Ihr Werk ist ein Kampf für die Freiheit.

Verein: La mémoire de Rose Valland

Darunter ein Bouquet von roten Rosen aus Ton. Ehrlich gesagt
nicht besonders schön, aber praktisch, da bei der Hitze im Sommer
wahrscheinlich jede Pflanze schnell verdorrt. Ich verweilte noch
ein wenig an Rose Vallands Grab, dann verabschiedete ich mich
im Geiste von ihr, was mir ehrlich gesagt ein wenig schwerfiel.
Ich weiß auch nicht warum, aber wahrscheinlich habe ich auf eine
Eingebung gewartet, ein Zeichen oder irgendetwas in der Art, jedoch, nichts passierte. Weiter ging unsere Fahrt zum Zentrum von
Saint-Étienne-de-Saint-Geoirs. Hier war es auch nicht viel besser
als auf dem Friedhof. Die kleinen Gassen von Saint-Étienne-de-
Saint-Geoirs waren wie leergefegt, kein Mensch weit und breit. Die
Hitze lag schwer auf dem Marktplatz, wo wir unser Auto geparkt
hatten. Irgendwo schrie ein Baby hinter einem verschlossenen
Fenster. Der Weg zur 7 Rue de Général Vinoy war schnell gefunden
und der QR-Code an der Fassade des Hauses verriet uns, dass wir
an unserem Ziel angekommen waren. Folgendes erzählt uns der
QR-Code, welchen ich für Sie, liebe Leser*innen, übersetzt habe:

Rose Valland bewohnte viele Jahre lang das Haus, vor dem
Sie stehen. Sie ruht heute auf dem Friedhof von Saint-Étien-
ne-de-Saint-Geoirs.

*Als Kuratorin im Musée du Jeu de Paume, das seit 1932 zeit-
genössischen ausländischen Schulen gewidmet ist, beteiligte
sich Rose Valland, wie das gesamte Personal der Nationalmuseen daran, die durch den bevorstehenden Weltkrieg bedroh-
ten Werke der Museen, in Sicherheit zu bringen.*

*Ab November 1940 war sie eine empörte Zeugin der von den
Nazis organisierten Plünderungen, die die aus jüdischen und
französisch-mazedonischen Familien entwendeten Werke
durch ihr Museum, das zu diesem Zweck beschlagnahmt worden war, transportierten, bevor sie nach Deutschland gebracht
wurden, wo sie die Sammlungen des Führers, Görings oder der
deutschen Museen bereicherten.*

*Rose Valland konnte diesen Raubzug auf das französische
Kunsterbe nicht verhindern. Dennoch gelang es ihr, sich während der vierjährigen Besatzungszeit auf ihrem Posten zu halten und unter extrem gefährlichen Bedingungen detaillierte
Listen der Werke zu erstellen, die sie durch die Ausstellungsräume kommen und gehen sah, und deren Bestimmungsort
in Deutschland ausfindig zu machen.*

*Diese Informationen, die regelmäßig an die Direktion der Na-
tionalmuseen weitergeleitet wurden, erwiesen sich als entscheidend für die Entwicklung einer Strategie zur Wiedererlangung von Kunstwerken in der Nachkriegszeit.*

*Nach der Befreiung wurde Rose Valland Leiterin der Commission
de récuperation artistique (Kommission für die Wiedererlangung
von Kunstwerken) und ging dann als Hauptmann der Ersten Französischen Armee nach Deutschland. Dort wurde sie damit beauftragt, in Zusammenarbeit mit den Alliierten, Stücke aus französischen Sammlungen aufzuspüren und für ihre Rückgabe zu sorgen.*

*Schätzungsweise 60.000 Kunstwerke wurden von der Com-
mission de récupération artistique und den Alliierten, dank*

Rose Vallands Arbeit und Hingabe, nach Frankreich zurück-
gebracht.

Ihr 1961 verfasstes Buch Le Front de l'art wurde von den Me-
dien unerwartet stark beachtet und galt bis in die 1990er-
Jahre als Referenz für die Geschichte der Wiedererlangung
von Kunstwerken.

Die Geschichte unseres Dorfes zu bewahren, ist eine
kollektive Herausforderung für die kommenden Ge-
nerationen. Daher kann dieses Dokument jederzeit
weiterentwickelt, korrigiert oder geändert werden.
Zögern Sie nicht, Ihr Wissen und/oder Ihre Beobach-
tungen mit uns zu teilen.

Bürgermeister

Die gewählten Vertreter

Gemeinderat

Man kann erahnen, wie stolz die Bewohner*innen dieser kleinen Ortschaft auf ihre Nationalheldin Rose Valland waren.

Nachdem ich den Text gelesen hatte, schaute ich mir das Wohn-
haus etwas genauer an. Das zweigeschossige Haus aus Stein,
mit seinen verblassten Fensterläden, sah irgendwie gemütlich
aus. Direkt links daneben, etwas nach hinten versetzt, befand
sich eine Art Scheune, die mit wildem Wein umrankt war. Das
könnte die ehemalige Werkstatt von Francois Paul Valland, Ro-
ses Vater, dessen Beruf Stellmacher und Schmied gewesen war,
sein. Da das Haus ein Kulturerbe war, durfte daran auch nichts
verändert werden. Wie gerne hätte ich die zwei alten Holztüren
zur Werkstatt geöffnet und nachgeschaut, ob es dort nicht irgendwo etwas Interessantes zu finden gibt, was mich Rose Valland nähergebracht hätte. Natürlich habe ich es nicht getan. In

meinen Gedanken jedoch habe ich mir vorgestellt, wie Francois Paul Valland in seiner Werkstatt arbeitete und seine Tochter Rose ihm ab und zu bei der Arbeit zusah. Ich nahm die Atmosphäre dieses kleinen Ortes in mich auf und versuchte, mir vorzustellen, wie es wohl für Rose Valland gewesen sein musste, als sie aus diesem behüteten Dorfleben in die großen Städte, erst nach Grenoble und Lyon, später dann nach Paris, gekommen war. Kein Buch über oder von Rose Valland erzählt uns etwas über ihre Kindheit und Jugendzeit. Das Buch „Le front de l'Art", welches Rose Valland geschrieben und ich in mühevoller Kleinarbeit übersetzt habe, ist ein informatives Sachbuch, welches die Leser*innen mit reichlich Fakten informiert. Ab und zu gibt sie ein paar persönliche Kommentare zu ihren Texten. Einen Blick in ihr Seelenleben jedoch gibt sie den Leser*innen nicht.

Zu Fuß schlenderten wir weiter die kleine Straße D519 Richtung Ortsausgang entlang, dort sollte sich ein Haus mit einem Fresko von Rose Valland befinden. Ein müder schwarzer Kater kreuzte unseren Weg, ansonsten war der Ort menschenleer. Die Hitze machte uns langsam zu schaffen. Insgeheim hoffte ich, irgendwo eine Eisdiele zu erspähen, jedoch vergebens. Nach kurzer Zeit standen wir vor dem Haus mit dem Wandbild von Rose Valland. Ich muss zugeben, ich war begeistert! Die Firma A-FRESCO hatte ganze Arbeit geleistet. Auf 90 m² kann man auf der Fassade Folgendes entdecken: In der Mitte, gut platziert zwischen zwei Fenstern, befindet sich Rose Valland in der Uniform eines Hauptmanns. Sie betrachtet ein Bild, welches sie in ihren Händen hält. Vor ihr steht eine Kiste, die noch mehr Bilder beinhaltet. Direkt über Rose Valland sieht man die „*Mona Lisa*" von Leonardo da Vinci, die den Betrachter, aus einem halb geöffneten braunen Paket aus Packpapier und noch mit Stricken umspannt, freundlich anlächelt. Links daneben befindet sich das Bild „*Das Angelusläuten*" von Jean-Francois Millet und rechts daneben „*Der Astronom*" von Jan Vermeer. Etwas versteckt, auf der linken Seite, unter dem Fenster hinter dem Holzbalkon, kann man, wenn man genauer hinsieht, das Bild „*Mutter und*

Kind" von Pablo Picasso erkennen, daneben eine Holzkiste mit der Aufschrift: ART DEGENERE, Entartete Kunst. Neben Rose Valland, auf der rechten Seite unter dem Fenster, ist das Bild *„Konstruktiv mit Kompass"* von Joaquin Torres-Garcia zu sehen und, an der äußeren rechten Ecke des Balkons, die Skulptur von der *„Nike von Samothrake"*. Das Fresko ist absolut sehenswert! Aber damit noch nicht genug. Auf dem rechten Haus nebenan sind weitere Kunstwerke abgebildet. Eine Hinweistafel gibt uns folgende Erklärung, die ich für Sie übersetzt habe:

Auf dem rechten Haus befinden sich Kunstwerke, die seit dem Krieg auf ihre Rückgabe an ihre unidentifizierten Eigentümer warten:

Leider können auch heute noch mehrere Tausend Kunstwerke nicht zurückgegeben werden, da ihre Eigentümer oder Rechtsnachfolger nach dem Krieg nicht identifiziert werden können.

Es ist kompliziert, Kinder, Enkel, Brüder, Schwestern und Cousins ausfindig zu machen, die Anspruch auf das Kunstwerk ihrer Vorfahren erheben können, das unter der schrecklichen Kriegsmaschinerie der Nationalsozialisten verschwunden ist. In Frankreich, im Jahr 2018, sind viele der von den Nazis gestohlenen Kunstwerke noch immer nicht zu ihren Vorkriegsbesitzern zurückgekehrt.

Diese Werke sind in einem riesigen öffentlichen Fond zusammengefasst, der den Namen „Rose Valland – MNR" trägt und im Internet einsehbar ist.

Bild ganz oben: Von Hitler enteignet: *„Das Licht der Welt"*, gemalt von Francois Boucher (1750) für die Marquise de Pompadour. Es ist im Musée des Beaux-Arts in Lyon zu sehen und wartet noch immer auf seine Rückgabe.

Bild in der Mitte: Von Göring enteignet: *„Die Anbetung der Könige"*, gemalt von der Flandrischen Schule (Anfang 16. Jh.). Es ist im Musée des Beaux-Arts in Dijon zu sehen und wartet noch auf seine Rückgabe.

Statue unten: Unbekannte Quelle der Enteignung

„Jungfrau mit Kind" (14. Jh.), wiedergefunden im 12. Konvoi, München. Im Musée des Ursulines in Mâcon zu sehen, wo die Rückgabe noch aussteht.

Vergessen wir nicht diese traurige Seite der Kunst und des Kulturerbes der Geschichte, die heute noch offen ist, und die damit verbundenen Personen.

Unsere weite Reise hatte sich gelohnt!

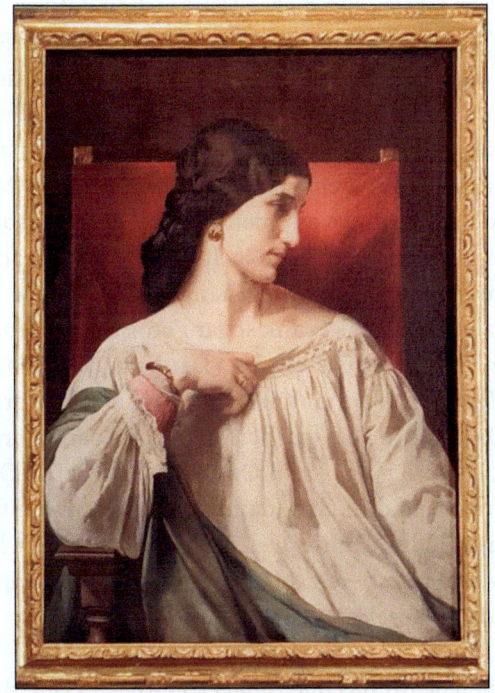

Nanna von Anselm Feuerbach

Nachwort

Die Recherchearbeit zu *Briefe an Rose Valland* hat mir sehr viel Spaß gemacht! Rückblickend gesehen kann ich sagen, dass ich offene Türen eingerannt habe. Daher gilt mein Dank Volker Lässing, der meine vielen Fragen mit Ruhe und Geduld beantwortet und mir geholfen hat, Kontakt zur L'association de Rose Valland aufzunehmen. Dort bedanke ich mich bei Christine Vernay, die mir freundlicherweise Fotos von Rose Valland für mein Buch zur Verfügung gestellt hat. Eine große Erfahrung für mich war die Privatführung von Mag. Harald Pernkopf durch das Salzbergwerk Altaussee. Der Pressesprecher der Salzwelten hatte sich viel Zeit für uns genommen, die Geschichte, die damals im Salzbergwerk Altaussee passiert war, wieder lebendig werden zu lassen. Ein dickes Dankeschön dafür nach Österreich. Des Weiteren möchte ich meinen Dank Niklas Frank aussprechen, der mich von Anfang an motiviert hat, dieses Buch zu schreiben. Er fand meine Idee mit den sprechenden Bildern außergewöhnlich gut. Unser gemeinsames Telefonat hat mir gezeigt, dass ich auf dem richtigen Weg bin, den Menschen den Nationalsozialismus auf meine eigene, ganz besondere Art und Weise, näher zu bringen. Nach unserem Gespräch war ich mehr als motiviert, mich reinzuhängen. Meine Überraschung war groß, als mir Niklas Frank sogar Fotos aus seinem privaten Archiv zur Verfügung gestellt hat. Danke auch an Carsten und Monika Wember, Yvonne Wilken und meiner Lektorin Carina Ahamer. Das größte Dankeschön jedoch geht an meinen Mann Hermann, der mich zu jedem Ort in Deutschland, Österreich und Frankreich gefahren hat, damit ich mir vor Ort ein Bild machen konnte. Jedes Archiv, welches ich kontaktiert habe, war freundlich und hilfsbereit. Mit so viel Unterstützung habe ich wahrlich nicht gerechnet!

Meine Recherche für das Bild *Nanna* von Anselm Feuerbach führte mich direkt in meine Heimatstadt Dortmund. In dem Buch,

Geniewahn: Hitler und die Kunst, steht geschrieben, dass *Nanna* im Museum für Kunst und Kulturgeschichte in Dortmund sein sollte. Als ich das gelesen hatte, habe ich sofort das Museum kontaktiert. Dort wurde mir mitgeteilt, dass das Bild Eigentum der Bundesrepublik Deutschland sei und es sich schon seit vielen Jahrzehnten als Leihgabe im Museum für Kunst- und Kulturgeschichte befand. Gerade sei es sogar öffentlich zugänglich, da es in der aktuellen Ausstellung, *REMIX. 800 Jahre Kunst entdecken*, ausgestellt ist. Das konnte doch wohl kein Zufall sein, oder? Daher bin ich am nächsten Tag sofort zum Museum gefahren, und um Punkt 11.00 Uhr, als sich die Türen öffneten, habe ich als erste Besucherin die Ausstellung betreten. Langsam bewegte ich mich durch die verschiedenen Ausstellungsräume, neugierig, wann *Nanna* wohl auftauchen würde. Plötzlich stand ich vor ihr. Ich war überrascht, wie groß das Bild war, wenn man direkt davorstand. Ich betrachtete das Ölgemälde von allen Seiten. Wie der Zufall es so wollte, gab es sogar eine Sitzgelegenheit gegenüber von dem Bild. So nahm ich Platz und bestaunte weiterhin ehrfürchtig das Gemälde von Anselm Feuerbach. *Nanna* ist eine richtige Schönheit, daher kann ich Adolf Hitler gut verstehen, dass er sie in seiner Nähe wissen wollte. Meine Gedanken gingen auf Wanderschaft. Ich weiß gar nicht, wie lange ich schon vor dem Bild gesessen hatte, als mich der Museumswärter ansprach und fragte, ob bei mir alles in Ordnung sei? Ich bejahte und er ging wieder seiner Wege. „Warum redest du nicht mit mir Nanna?", waren meine Gedanken, doch Nanna blieb stumm, genauso stumm wie sie auch damals auf dem Obersalzberg gewesen war, jedoch gesehen und gehört hatte sie eine Menge. Ich verweilte noch ein wenig bei ihr, dann verabschiedete ich mich. Nachdenklich verließ ich das Museum.

Fotoalbum Eva Braun – Berghof Berchtesgaden Große Halle

Anhang

Literaturnachweis

- Barron, Stephanie: „Entartete Kunst". Das Schicksal der Avantgarde im Nazi-Deutschland, 1992, Hirmer Verlag München
- Catel, Polack, Emmanuelle, Bouilhac, Claire,: Rose Valland. Capitaine Beaux-arts, 2009, DUPUIS Verlag
- Destremau, Frédéric: Rose Valland. Résistante pour l'art, 2008, Hrsg. Conservation du Patrimoine en Isère, Musée de la Résistance et de la Déportation
- Dreyfus, Jean-Marc: Le Catalogue Goering, 2015, Verlag Flammarion
- Edsel, M. Robert, Witter, Bret: Monuments Men. Jagd nach Hitlers Raubkunst, 2013, Residenz Verlag
- Fest, Joachim: Hitler. Eine Biographie, 2003, Ullstein Verlag
- Frank, Niklas: Der Vater. Eine Abrechnung, 1993, Goldmann Verlag
- Frank, Niklas: Meine Familie und ihr Henker, 2021, Dietz Verlag
- Gentil, Mano: Une résistante sauve des oeuvres d'art. Rose Valland, 2016, OSKAR Éditeur Verlag
- Gerling, Charlotte, Meister der Malerei. 100 der einflussreichsten Maler Zeiten, 2006, Edition XXL
- Haase, Günther: Die Kunstsammlung des Reichsmarschalls Hermann Göring. Eine Dokumentation, 2000, edition q im Quintessenz Verlag
- Hammer, Katharina: Glanz im Dunkel. Die Bergung von Kunstschätzen im Salzkammergut am Ende des 2. Weltkrieges, 1996, Wiener Verlag Himberg
- Kramar, Konrad: Mission Michelangelo. Wie die Bergleute von Altaussee Hitlers Raubkunst vor der Vernichtung retteten, 2013, Residenz Verlag
- Kubizek, August: Adolf Hitler mein Jugendfreund, 2002, Leopold Stocker Verlag

- Pirchan, Emil: Hans Makart, 1954, Bergland Verlag
- Pisot, Sandra : Die Poesie der venezianischen Malerei, Paris Bordone, Palma il Vecchio, Lorenzo Lotto, Tizian, 2017, Hirmer Verlag
- Polack, Emmanuelle, Dagen, Philippe : Les carnets de Rose Valland, 2011, FAGE Editions
- Price, Billy F.: Adolf Hitler als Maler und Zeichner. Ein Werkkatalog der Ölgemälde, Aquarelle, Zeichnungen und Architekturskizzen, 1983, Gallant Verlag
- Rorimer, James J.: Survival. The Salvage and Protection of Art in War, 1950, Abelard Press
- Rorimer, James J.: Monuments Man. The Mission to save Vermeers, Rembrandts, and da Vincis and more from the nazis´ grasp, 2022, Rizzoli Electa
- Sassoon, Donald: Da Vinci und das Geheimnis der Mona Lisa, 2006, Gustav Lübbe Verlag
- Schuster, Peter-Klaus (Hrsg.) : Die „Kunststadt" München 1937. Nationalsozialismus und „Entartete Kunst", 1987, Prestel Verlag
- Schwarz, Birgit: Auf Befehl des Führers. Hitler und der NS-Kunstraub, 2014, Theiss Verlag
- Schwarz, Birgit: Geniewahn: Hitler und die Kunst, 2009, Böhlau Verlag
- Seydewitz, Ruth und Max: Die Dame mit dem Hermelin. Der größte Kunstraub aller Zeiten, 1963, Henschelverlag
- Sigmund, Anna Maria: Die Frauen der Nazis, 2000, Heyne Verlag
- Skilton, John D. Jr. : Défense de L'ART Européen par un officier Américain, 1948, Hrsg. Les Editions Internationales
- Valland, Rose : Le front de l'Art. Défense des collections Francaises, 1939–1945, 1997, Hrsg. RMN, Réunion des Musées nationaux – Grand Palais
- Valland, Rose : Le front de l'Art. Défense des collections Francaises, 1939-1945, 2014, Hrsg. RMN, Réunion des Musées nationaux – Grand Palais

Kataloge

- Entartete „Kunst" Ausstellungsführer 1937
- Springerwerk, Das Glück der Kunst, Salzwelten Altaussee, 2019

Fotonachweis

- Kapitel: Ein Brief von der Mona Lisa: Mona Lisa, Alamy stock Photo: BYC 136
- Kapitel: Ein Brief von der Dame mit dem Hermelin: Dame mit dem Hermelin: Alamy stock photo: E16RGE
- Rückkehr von Leonardo da Vincis Dame mit dem Hermelin nach Polen: Alamy stock photo: 2B034GW
- Monuments Man Lt. Frank P. Albright, Polnischer Verbindungsoffizier Maj. Karol Estreicher, Monuments Man Capt. Everett Parker Lesley und Pfc Joe D. Espinosa, Wache der 34. Feldartilleriebataillons, posieren mit Leonardo da Vincis Dame mit dem Hermelin bei seiner Rückkehr nach Polen im April 1946
- Kapitel: Niklas Frank: Hans Frank, privates Arbeitszimmer Wawel, Burg Krakau: Privatarchiv Niklas Frank
- Kapitel: Interview mit Niklas Frank: 5 Frank children, Niklas the youngest: Privatarchiv Niklas Frank
- Kapitel: Ein Brief von dem Astronomen: Der Astronom: Alamy stock photo: W3K0T5
- Kapitel: Das Salzbergwerk Altaussee birgt ein Geheimnis: Heilige Barbara im Salzbergwerk Altaussee: Archiv Christiane Köhne
- Kapitel: Ein Brief von Jesus: Titel: Ausstellung „Entartete Kunst" in Berlin,1938 – Referenznummer: REF89547
- Copyright: Scherl/Süddeutsche Zeitung Foto (li. Lübecker Kruzifixus, Professor Ludwig Gies)

- Kapitel: Entartete Kunst – Eintritt frei: Führer durch die Ausstellung Entartete Kunst 1937-1938- Bild ID: PCP7WJ
- Kapitel: Ein Brief von der Falknerin: Alamy stock photo: DJJ2KJ
- Adolf Hitler und Hermann Göring in der Berliner Wohnung Görings, 1938 – Referenznummer 92331 – Copyright Scherl/ Süddeutsche Zeitung Photo
- Kapitel: Hermann Göring und das Jeu de Paume Museum: Carinhall Texttafel: Privatarchiv Christiane Köhne
- Kapitel: Ein Brief von Venus und Amor: Paris Bordone: Alamy stock photo: HR4K3N
- Fotoalbum Eva Braun – Venus und Amor, Paris Bordone, Große Halle, Berghof.
- Alamy stock photo: 2J33G64
- Kapitel: Adolf Hitler der Künstler: Auktionshaus versteigerte Aquarelle von Hitler – Mediennummer: 59132848
- Picture alliance/dpa/Daniel Karmann
- Kapitel: Ein Brief von einer nicht ganz unbekannten Dame: Les biens juifs repris aux nazis – Referenznummer: 1744036 – Copyright: Rue des Archives/Tallandier/Süddeutsche Zeitung Photo
- Kapitel: Rose Valland, eine ganz besondere Frau: Rose Valland schaut auf die Rückseite eines Bildes: L'Association „La Mémoire de Rose Valland"/Auch Coverbild!
- Rose Valland, Edith Standen und Hubert de Bry an Holzkisten gelehnt, CCP Wiesbaden: L'Association „La Mémoire de Rose Valland
- Suzanne Flon et Rose Valland – Referenznummer: 1658236 – Copyright: Rue des Archives/AGIP/Süddeutsche Zeitung Photo
- Kapitel: Nachwort: Nanna von Anselm Feuerbach: Privatarchiv Christiane Köhne
- Fotoalbum Eva Braun – Berghof Berchtesgaden, Große Halle, Alamy stock photo: 2J33G61

HERZ FÜR AUTOREN A HEART FOR AUTHORS À L'ÉCOUTE DES AUTEURS MIA ΚΑΡΔΙΑ ΓΙΑ ΣΥΓΓΡΑ
ΜΑRTA FÖR FÖRFATTARE UN CORAZÓN POR LOS AUTORES YAZARLARIMIZA GÖNÜL VERELIM SZÍVÜ
CUORE PER AUTORI ET HJERTE FOR FORFATTERE EEN HART VOOR SCHRIJVERS TEMOS OS AUTOR
HERZÖINKÉRT SERCE DLA AUTORÓW EIN HERZ FÜR AUTOREN A HEART FOR AUTHORS À L'ÉCOUTE
RAÇÃO ВСЕЙ ДУШОЙ К АВТОРАМ ETT HJÄRTA FÖR FÖRFATTARE Á LA ESCUCHA DE LOS AUTORE
TEURS MIA ΚΑΡΔΙΑ ΓΙΑ ΣΥΓΓΡΑΦΕΙΣ UN CUORE PER AUTORI ET HJERTE FOR FORFATTERE EEN HA
YAZARLARIMIZ GÖNÜL VERELIM SZÍVÜNK HERZÖINKÉRT SERCE DLA AUTORÓW EIN HERZ FÜR A
VOOR SCHRIJVERS TEMOS OS AUTORES RAÇÃO ВСЕЙ ДУШОЙ К АВТОРАМ ETT HJÄRTA FÖR F

Die Autorin

Bewegte Intelligenz, erschienen 1919 als Handbuch für pädagogische Interventionen in Kindertagesstätten, ist die erste Publikation als Co-Autorin der 1967 in Dortmund geborenen Christiane Köhne. Weitere drei eigene Bücher folgen: Über die Prosa des 21. Jahrhunderts und Hexengeschichten, bis zur Abhandlung über den Dadaismus – Köhne erfindet sich immer wieder neu. Der Kunststil des Dadaismus und dessen Philosophie lassen sie seit Jahren nicht mehr los. Sie hält Vorträge zu diesem Thema, kreiert Skulpturen als Objektkünstlerin und präsentiert sie in Ausstellungen. Christiane Köhne malt, fotografiert und spielt begeistert Harfe. Ihre gut gebuchten Vorträge über berühmte Frauen der Geschichte sind eine weitere Facette ihrer Vielseitigkeit. Briefe an Rose Valland heißt das neueste Buch und ist aus eben dieser Leidenschaft entstanden, das Leben berühmter Frauen erlebbar zu machen. Köhne ist verheiratet und hat zwei Kinder.

Der Verlag

Wer aufhört
besser zu werden,
hat aufgehört
gut zu sein.

Basierend auf diesem Motto ist es dem novum Verlag
ein Anliegen, neue Manuskripte aufzuspüren, zu ver-
öffentlichen und deren Autoren tatkräftig zu fördern.
Mittlerweile gilt der 1997 gegründete und mehrfach
prämierte Verlag als Spezialist für Neuautoren in
Deutschland, Österreich und der Schweiz.

Für jede neue Manuskript wird innerhalb weniger Wochen eine kostenfreie, unverbindliche
Lektorats-Prüfung erstellt.

Weitere Informationen zum Verlag und zu
seinen Büchern finden Sie im Internet unter:

www.novumverlag.com